함께 책을 읽으며 친구 마음에 공감하는 자존감 수업

2023년 1월 25일 처음 펴냄

지은이 이보경
펴낸이 신명철 | 편집 윤정현 | 영업 박철환 | 경영지원 이춘보 | 디자인 최희윤
펴낸곳 (주)우리교육 | 등록 제 313-2001-52호
주소 03993 서울특별시 마포구 월드컵북로 6길 46
전화 02-3142-6770 | 팩스 02-6488-9615 | 홈페이지 www.urikyoyuk.modoo.at

함께 책을 읽으며 친구 마음에 공감하는 자존감 수업

이보경 지음

우리교육

성장주기에 따라 집중해서 교육할
인성 덕목도 다릅니다

2016년 12월 24일, 디스크 수술을 받고 병원에 누워 있었다. 2인용 병실에서 옆 환자가 계속 바뀌었는데, 운신이 가능해진 어느 눈 많이 온 날 나 혼자 병실을 쓰게 되었다. 고요한 병실에 혼자 있으니 자유로움이 느껴졌다. 새벽에 문득 깨어 창밖을 내다보며 사람 하나 없는 병원 밖 풍경에 시선을 두니 마음이 평안했다. 이 순수한 평온을 사람들이 자주 느낀다면 얼마나 좋을까? 고독하지만 살아 있고 건강해짐에 감사하며, 나를 지켜봐 주는 가족이 있다는 묘한 안도감, 그러면서 다시 무엇인가 시작하고 싶다는 의지가 일어났다.

그때 나는 동화 연구를 하며 현장에서 아이들의 마음을 살리려고 노력하는 한 초등학교 선생님의 책 두 권을 열심히 읽는 중이었다. 몸이 회복되면서 두 아이의 엄마로서 더 이상 아프면 안 되겠다는 다짐과 더불어 내년에 만날 아이들과 어떤 책을 함께 읽으며 이야기를 나눠야 할까까지 생각이 미치자, 여러 가지 아이디어가 머리에 떠오르기 시작했다. 그 상념으로 아픈 시간

4

과 혼자 있는 시간을 견딜 수 있었다. 몸이 좀 살만해지니 머릿속으로 가르칠 내용을 기획하다니, 이것도 일종의 긍정적인 직업병 아닌가 싶다.

그림책과 동화책으로 인성교육을 해 보자는 생각은 예전부터 해 왔고, 도덕 시간에 한두 권씩 읽어 주고 수업 자료로 활용한 지는 오래되었다.

통일과 관련하여 가르치면서 《엄마에게》서진선 지음, 보림, 2014 라는 작품을 읽어 준 적이 있다. 읽어 주면서 나도 눈물이 났지만, 한 4학년 남학생이 눈물을 참다가 끝내 흘리는 모습을 보면서 이야기의 힘이 얼마나 센지 확실히 느꼈다.

환경 문제를 생각하게 하기 위해 《양철곰》이기훈 지음, 리젬, 2012 이라는 글 없는 그림책을 넘기며 보여 주었는데, 아이들은 무척 인상적이었나 보다. 한동안 복도에서 나를 만나면 "양철곰 또 보여 주세요." 하면서 따라다니는 아이도 꽤 있었으니 말이다. 이렇게 이야기를 좋아하는 아이들의 마음에 무엇인가 심어 주고 싶다는 생각이 점점 강해졌다.

퇴원 후, 겨울방학 동안 본격적으로 기획해 1학년에서 6학년까지 각 학년 9차시씩 총 54차시의 '인성 수업' 틀을 만들었다. 틀을 만들고 나니, 각 학년 독서력에 맞는 동화를 찾는 것도 중요하지만, 어떤 동화를 어떤 기준으로 제시할 것인지가 고민이 되었다. 2015 개정 교육과정의 '한 학기 한 권 읽기' 운영에 도움되는 책들이 쏟아져 나왔고, 다양한 책을 사 보거나 빌려 보며 정보를 정리하였다.

하지만 책은 수업 시작의 불씨일 뿐이다. 이 귀한 불씨를 살리는 풀무는 교사의 가치관과 구체적인 활동 디자인이다. 예를 들면, 2학년 아이들과 《틀려도 괜찮아》마키타 신지 글, 하세가와 토모코 그림, 유문조 옮김, 토토북, 2006를 읽고 여러 이야기를 나누고 나서, 용기를 갖는 것이 중요하다는 것으로 끝내서는 안 된다. 아이들의 삶과 연결하는 나름의 전략을 짜고 흥미도 생각해야 한다. 그 방법이 《보글보글 마법의 수프》클로드 부종 글·그림, 이경혜 옮김, 웅진주니어, 2006라는 책에서 아이디어를 얻어 주문을 외치는 것이었다. 상담학에서 말하는 마이켄바움의 '자기교시법'이다. 아이들에게 마녀 모자를 쓰고 별 스틱을 들게 한 후 "수리수리 마수리, 내가 떨릴 때, 엄마가 옆에서 나를 안아 주고 있다고 생각하고 힘을 내라, 뿅!" 이렇게 자신만의 전략을 외치도록 하였다. 결국 동화 이야기를 '아이들의 삶과 연결하는 것'이 책을 통해 제대로 인성 수업을 완성하는 것이고 이는 교사의 중요한 역할이다.

그러나 이러한 활동 디자인은 혼자 하기 버겁다. 아이디어의 고갈, 나의 스타일이 가져오는 지루함에서 벗어나고 싶을 때가 있다. 이럴 때마다 환기해 준 것은 나의 오랜 동료인 '마음별두드림 연구회'다. 2012년 수석교사가 되면서부터 운영해 온 '마음별두드림 연구회'는 올해로 9년 차가 되는 도덕, 인성, 상담교육 연구회다. 대부분의 연구회가 그렇겠지만, 처음에는 다양한 수업 모형 개발, 수업 자료 개발로 지극히 과업 지향적인 연구회였다. 덕분에 2017년에는 교육부장관상까지 받는 동아리로 성장했다. 이제는 연구회원들과 동고동락하면서 어느덧 서로의 인생사도 털어놓는 귀한 인연을 이어 가고 있다. 모두가 교양인_{교감/교장 양보인}으로 아이들과의 좋은 수업만 생각하는 멋진 선생님이다. 이분들이 나에게 보여 준 교사로서의 성실성과 책임감이 이 책을 쓰는 데 영감이 되었다. 여유와 이해심의 최고봉 남영분 선생님, 딸을 인터넷 강의만으로 서울대에 합격시킨 아이디어맨 함성자 선생님, 동화 소믈리에 최민성 선생님, 삶에서 신앙심과 성실함을 몸소 보여 주시는 이영주 선생님, 교직계의 마당발이며 빠른 일 처리 능력자 이정숙 선생님, 모두 감사한 인연이다.

2017년부터 전 학년 전교생을 대상으로 인성교육을 기획하고 구체화, 운영하면서 수업 공개를 통해 단순해 보이기 그지없는 프로그램을 정교화해 나갔다. 선생님들이 '마음별두드림' 인성교육의 존재를 서서히 알게 되었다. 아이들을 위해 만든 워크북을 나누기는 하지만, 이것을 수업에서 어떻게 적용하고 어떤 모습으로 운영하는지 궁금해하는 동료가 늘어났다. 그래서 일종의 해설서가 필요하다는 생각이 들었고, 아울러 방법을 알리는 것 이상으로 인성교육이 아이들의 마음에 가 닿고 삶을 변화시키거나 풍요롭게 만들기 위한 기획이 중요하다는 것도 알리고 싶었다.

교과 교육 뿐만 아니라 생활교육도 이제는 '건전한 민주시민을 기르는' 체계성이 필요하다는 것은 모두가 인정하는 것처럼, 인성교육 또한 그러하다. 내가 기획한 인성교육의 체계는 이렇다.

6학년: 진로(꿈 키움)

5학년: 정서(마음 키움)

4학년: 우리(우정 키움)

3학년: 우리(자존감 키움)

2학년: 나(용기 키움)

1학년: 나와 주변(다양한 미덕 교육)

이 책은 4년간 이루어진 각 학년별 인성교육에 대한 기획의 소개이자 실천 과정에 대한 보고다. 학년별로 강조된 점을 위해 어떤 자료들을 어떻게 활용했으며. 이 과정에서 아이들의 반응은 어떠했는지 쉽게 풀어내려고 노력하였다. 아울러 25년간 교직 경험을 통해 학년별 발달 특징 및 인성교육 영역에서 이슈가 되는 것들에 대한 나름의 견해도 적어 보았다.

해마다 학교에서 교육과정 운영에 대한 전반적인 평가나 의견들을 들어 보면, 교육과 관련된 모든 구성원이 한결같이 '인성교육'을 가장 많이 이야기한다. 그런데도 구체적인 가치나 실천에 대한 논의는 많지 않다. 이 책이 인성교육 실천 방법의 한 갈래를 안내하고, 더 나은 인성교육 실천을 위한 물꼬가 되기를 소망한다.

인간다움을 끌어내고, 인간다움을 잃지 않으며, 인간다운 삶을 선택하면서 자신과 타인의 삶을 행복하게 만드는 '참사람'을 길러내는 인성교육을 조금이나마 시도한 노력의 결과물이라고 자부한다. 결과로서가 아니라 성장 과정의 한 지점에서 이만큼 정리했다는 것에 대해 스스로를 도닥이며, 다른 동료나 학부모가 새로운 인성교육에 대한 영감을 떠올리는 한자락 단서가 되길 바란다.

이 책이 나오기까지, 가장 고마운 사람들은 따뜻한 마음을 갖고 열정적으로 수업에 참여해 준 풍산초와 오마초 학생들이다. 학생들과 다양한 활동을 하도록 지원해 주신 교장 선생님, 교감 선생님, 그리고 관심 있게 지켜봐 준 동료 선생님들께도 감사하다. 무엇보다 이 책을 편집하느라 고생하신 윤정현 편집장님을 비롯한 우리교육의 모든 선생님께 고개 숙여 감사드린다.

차례

10살, 신나게 놀고 싶지만
본격적인 학습이 시작되는 나이

'자기중심성'이 남아 있는 3학년

3학년 아이들을 처음 만나면 '아직 어리구나, 2학년이네.'라는 생각부터 하게 된다. 자유로운 어린 모습이 여전히 남아 있기 때문이다. 피아제가 말하는 자기중심성이기주의가 아니다이 남아 다른 친구의 입장을 생각하는 것을 아직도 어려워하는 아이도 보인다. 이러한 자기중심성egocentrism은 모범생과 장난꾸러기에게서 다르게 나타난다.

모범적인 아이는 교사가 어떤 일을 시키면 아주 열심히 돕는다. 특히 청소 시간에 교사를 도우려는 고운 마음을 가진 아이가 있다. 하지만 상황을 여러모로 보고 대처하는 융통성이 조금 부족하다. 예전에 3학년 담임을 하면서 아이들 몇몇과 함께 청소하면서 있었던 일이다. 반에서 가장 야무진 아이에게 새 행주를 빨아 주면서 정수기 겉을 닦아 달라고 부탁했다. 아이는 잘 닦는 것 같았다. 한창 아이들과 책상을 옮기며 청소하고 나서 정수기를 닦는 것을 보다가 깜짝 놀랐다. 물이 나오는 정수기 입구를 닦다가 물이 흘러나와 바닥에 떨어지자 그 행주로 마룻바닥을 닦고, 바닥을 닦던 그 행주로 다시 물이 나오는 입구를 닦는 것이 눈에 들어왔다.

"어, 바닥을 닦던 것으로 정수기를 닦으면 어떻게 하니."

나는 당황해서 큰 소리로 말을 했는데, 아이 얼굴이 빨개져서 좀 미안했다. 학습 태도도 좋고 여러모로 믿음직한 아이며 또래보다 한참 야무지고 성숙한 아이라고 생각했지만, 아직 채 10년을 살지 않은 3학년이기에 걸레와 행주의 차이를 스스로 터득하기는 어려웠을지도 모른다. 문제 상황에 맞닥뜨렸을 때 아직은 다양하게 생각을 못 하는 것이 바로 자기중심성의 특징이다.

내가 3학년 때 부모님께 자주 듣던 말은 "넌, 어쩜 그렇게 융통성이 없니…… 콩이면 콩, 팥이면 팥이니?"였다. 그 말의 뜻을 알고 '내가 고지식하다는 건가?' 생각하며 일기장에 열심히 썼던 기억이 있다.

발표를 열심히 하는 아이들, 수업 참여에 엄청난 에너지를 보이는 아이들은 선생님이 골고루 발표시킴에도 "선생님이 나만 안 시켜."라고 입을 내밀며 불만을 터뜨리기도 한다. 배려가 필요한 학생을 배려하는 것을 쉽게 이해하는 고학년과 달리 "왜 쟤만 더 예뻐하는 거야?"라며 노골적으로 싫은 티를 내기도 한다. 이런 분위기로 시작해도 교사의 노력으로 빠르게 긍정적으로 바뀌는 것이 3학년이기도 하다.

예전에 영어가 교과로 처음 도입되면서, 아직 경력이 짧음에

도 불구하고 선배 선생님들의 영어 교육에 대한 부담감으로 운
좋게 3학년을 몇 번 맡았다. 어느 해인가 우리 학년에 자폐 스펙
트럼 장애가 있는 학생이 세 명이 있었고, 그 중 지웅가명이가 우
리 학급에 배정되었다. 눈 맞춤과 의사소통이 안 되고, 손을 흔
드는 등의 행동을 반복하고 비가 오거나 흐린 날에는 공부 시간
에 복도로 뛰쳐나가 소리를 지르며 왔다 갔다 하는 바람에, 수
업 진행이 어려운 적이 여러 번 있었다. 통합교육이라 하루에 두
시간 정도는 특수학급에 가서 1대 1로 교육받고, 나머지 시간은
반 친구들과 함께 생활했다. 통합학급 교사로서 어떤 경로로든
아이들과 어울릴 수 있는 것을 찾으려고 노력했다. 하지만 아침
에 등교하면 책가방을 던지고 "AS 코팅 렌즈", "양념통닭"을 반복
하는 지웅이의 마음을 알 길이 없었고나중에 알고 보니 전철역 근처 간
판 중에서 변화가 있는 간판을 외우고 그것을 말한 것이었다, 전날 드라마에서
보았는지 드라마 내용을 그대로 중계하는대사를 너무 생생하게 말하는
바람에 아이들과 놀라서 바라본 적도 있었다. 바람에 아이들과 서로 얼굴
을 마주 보며 귀엽다는 듯 웃은 적도 있다.

　칠판 아래 같은 간격으로 색깔을 맞춰 색연필을 세워 놓는
신통한 묘기에 감탄해도 다른 말을 중얼거리며 다른 곳을 보는
지라 내 마음을 읽었는지 알 수 없었다. 하지만 같이 지내면서
지웅이의 재능을 발견할 수 있었다. 아이가 청각 자극에 예민하
고, 음악 시간을 좋아하여 내가 오르간을 치며 노래를 부르면
옆으로 와 가만히 앉아 있었다. 그리고 곧바로 똑같이 반복하는
재능이 있었다. 덕분에 나 대신 아이들에게 새로 배우는 곡을

들려주며 음악 리더 역할을 했고, 지웅이의 정확한 노래가 끝나고 나면 반 친구들이 박수 쳐 주었다. 하지만 가만히 두면 부천에서 할머니 할아버지가 계신 강원도까지 무임승차로 가기도 하는 아이라서, 혹시나 학교에서 나가 버릴까 봐 운동장에서는 교문 밖으로 못 가도록 실랑이하느라 무척 힘들었다.

가장 힘든 것은 갑자기 일어나는 지웅이의 자해 행동이었다. 하도 왔다갔다해서 교실 뒤에 매트를 깔고 앉은뱅이책상과 교구를 놓아 주었는데, 수업 중 내준 과제를 빨리 한 아이 몇몇이 뒷자리에 가서 종이접기를 하며 그 아이와 놀기도 하였다.

어느 날 아이들에게 수학을 가르치는 중 갑자기 자해 행동을 했다. 점프해서 무릎으로 착지하고 "아야, 아야" 하면서도 계속 머리를 탁자에 찧었다. 얼른 달려가서 지웅이를 뒤에서 꼭 안으며 자해 행동을 제지했다. 몸부림치는 아이의 힘은 여느 3학년과는 달랐다. 아이의 울부짖음이 가라앉고 나를 보며 흐릿한 눈빛으로 "아파요?" 하는데 속상해서 눈물이 날 것 같았다. "응, 아프지? 그러니까 기분 나쁘다고 그러면 안 돼."라고 말하자, "그러면 안 돼, 그러면 안 돼."라고 반복했다. 상황이 수습되자마자 아이들을 돌아보았다. 그때 내 눈에 들어온 것은 우리 반 아이들의 반응이었다. 아이들은 무슨 일이 일어났냐는 듯이 책상에 고개를 숙이고 수학 문제를 풀고 있었다.

내가 지웅이의 자해 행동을 제지하며 안고 있을 때 아이들이 한 이야기가 얼핏 기억났다.

"얘들아, 수학 익힘 25쪽 펴. 거기 풀고 있자."

"그래, 그래."

아이들은 선생님의 어려움과 친구의 어려움을 잘 이해하고 있었다. 어떻게 해야 할지 모를 때 마음이 더 큰 아이가 친구들에게 '이렇게 하자!'고 주도했고, 다행히 다른 아이들도 잘 따라 주었다. 지웅이가 장애가 있음에도 우리 반 친구라는 것을 계속 가르치고 이해시키려고 노력했고, 한 달에 한 번씩 생일파티와 장기자랑 할 때 모둠별로 사진도 찍고 행사에서 지웅이를 빼지 않으려고 노력했다. 마음이 선한 아이들에게 나의 마음이 전달되었고, 강요하지 않아도 아이들 마음에 존중과 이해, 배려가 스며들었다고 느끼는 가슴 뻐근한 순간이었다.

자기만 더 봐 달라, 왜 나는 시키지 않느냐고 입을 삐쭉대기도 하지만, 상대방이 어떤 상황이고 어떻게 배려하면 되는지 판단하고 협동할 수 있는 힘도 있는 나이다. 문제는 그것이 저절로 되지는 않는다는 것이다.

두 번째로 생각해 볼 3학년 아이들의 자기중심성은 장난꾸러기들의 도발적인 행동이다. 또래에 관심이 커지면서 관심을 끌고자 도발적인 행동을 하는 아이가 속속 생겨난다. 자기 행동이나 말이 어떤 파문을 불러올지 이후를 생각하지 못하고, 지금 이 순간이 재미있고 신나서 일을 저지르는 아이가 많아진다. 쉽게는 말장난이것도 자주 하는 아이들을 만나면 교사로서 부아가 나는 것은 어쩔 수 없다.에서 시작된다. 선생님을 대상으로 하다가, 친구들과 티격태격하며 자신이 먼저 시비 건 것은 생각하지 않고, 친구를 탓하며 씩씩대고 눈을 부라리는 아이도 있다. 싸움이 벌어졌을 때, 왜 이러한 일이 벌어졌는지 자기 행동과 주변을 연결하지 못하고 우선은 모든 것을 주변 탓으로 돌리는 아이도 있다. 억울함을 많이 호소하고, 귀여움과 얄미움을 동시에 느끼게 하는 아이들이다.

《진짜 평범한 학급운영 이야기》교육과학사, 2013에도 썼지만, 내가 기억하는 3학년 장난꾸러기 3인방을 생각하면 양가감정이 일어난다. 관내 선생님 30여 명이 지켜보는 공개 수업 시간에 갑자기 엿을 꺼내 핥으며 자기 모둠활동에서 벗어나 돌아다녔던 아이, 숙제를 검사할 때마다 자기는 했는데 안 가져왔다며 늘 억울한 표정을 짓던 아이결국 최후의 수단으로 지금 가져오라고 했더니 대신 엄마가 와서 사과하셨다., 현장 학습 가는 중에 하도 주변 친구들을 괴롭히고 말을 안 들어서 그럴 거면 집에 가라고 했더니 삐친 채 따라오다가 어느 순간 사라져서 산 중턱에서부터 뛰어 내려와 자기를 찾도록 한 아이, 옆 짝꿍과 실랑이하다가 화가 난다며 연필로 손등을 내리찍은 아이 등을 생각하면 지금도 등 뒤에 식은땀이 난다. 친구들이 자신을 어떻게 바라볼지 유난히 신경 쓰는 5, 6학년에 비해 친구들과 관계 맺고 이어가는 것에는 관심이 많지만, '내 멋대로 하는' 청개구리가 유독 많다.

학업 부담의 시작

3학년은 학업 부담이 생기는 학년이다. 1, 2학년 때 놀면서 배우던 통합교과 공부가 3학년이 되니 여러 교과로 나뉜다. 도덕, 과학, 사회, 음악, 미술, 체육 등으로 나뉘고 영어도 새로 배우기 시작한다. 여기에 수학과 수학 익힘, 과학과 실험관찰 등 보조 교과서 등이 생기면서 가지고 다녀야 할 교과서도 많아져서 3학년은 적응할 기간이 필요하다. 하지만 여전히 자유롭고 놀고 싶어 한다. 2학년의 어리광이 여전히 남아 있는데 의젓하게 행동하라고 하고, 교과목도 늘고 게다가 6교시 하는 날도 있다 보니 "학교 가기 싫다"라는 말도 한다. 3학년이 된 제자들에게 3학년이 어떠냐고 물으면 갑자기 생긴 6교시가 싫다고 말한다. 아무리 재미있어도 점심 먹고 2교시를 더 해야 하니 쉽지는 않을 것이다. 하지만, 점심시간에 친구들과 놀 수 있다는 것을 위안 삼기도 한다.

최근에는 3학년이 되면서 사회 포기자, 수학 포기자가 등장하기 시작한다. 3학년이 되어 처음 만나는 사회라는 새로운 과목은 용어가 생소하고 이해하기가 어려울 것이다. 3학년은 우리 고장, 4학년은 내가 속한 지역, 5학년은 일반 사회나 역사, 6학년은 세계로 넓혀 가는데, 분과 되고 처음 마주하는 사회 과목은 아이들 입장에서 이해하기 어려운 딱딱한 용어와 글귀가 나열된 재미없는 과목일 것이다.

요즘 문해력과 관련해서 여러 가지 이야기가 오간다. 중고등학생 중에서도 기본 상식이 약해서 교과서 내용을 이해하지 못하는 사례를 보며 충격받을 때도 있다. 어느 때보다 독서교육이 강화되고 좋은 책이 출판되는 이 시대에 오히려 아이들의 문해력은 점점 떨어지는 아이러니가 발생하고 있다. 즐길 것이 많아서 어떤 매체든 주마간산식으로 훑듯이 지나가는 것에 익숙해 아이들의 머릿속에 들어간 지식은 소화되기 전에 잠깐 걸쳐져 있다가 그냥 배출되는 것 같다. 학교에서 배우는 것, 학원에서 배우는 것, 인터넷 강의 그리고 유튜브를 통한 볼거리와 즐길 거리……. 너무 다양한 지식이 오히려 아이들의 뇌에 과부하를 일으키고, 이런 과정이 누적되면서 아이들은 더 이상 지식 탐구에 열의를 가지지 않게 되는 것 같다.

그럼에도 불구하고 가르쳐야 하는 기본적인 개념이 있다. 그런데 흥미 없어 하는 아이들에게 재미있게 가르치려는 의욕이 앞서서, 활동 중심 수업을 하다 보면 아이들은 또 피상적으로만 학습하게 된다. 사회 과목에 등장하는 다양한 개념을 이해하고, 용어의 뜻풀이를 하며 깊이 있게 이해하는 과정이 가끔은 활동 중심 교육이라는 핑계로 생략되는 경우를 보면서 아쉬움을 느낀다. 원래 배우려는 것은 의식주에 대한 개념 이해인데, 한 부분을 역할극으로 하면서 친구들과 아웅다웅하다 보니, 의식주에 대한 개념 이해는 잊어버리고 친구들과 활동하는 자체만 기억이 난다고 한다. 그 활동에 끼지 못하는 아이들은 수업 시간에 있더라도 헤매기만 할 뿐, 배움이라는 활동은 일어나지 않는 장면도 목격하게 된다.

알 수 없는 개념이 여기저기 등장하는 새로운 사회 과목이 아이들에게 매력적으로 다가가려면 교사들이 교재 연구를 많이 해야 한다. 교과서는 사실 여러 가지 경험의 핵심을 담은 추상화 작업의 결과다. 추상화라는 것은, 흩어진 경험 속에서 핵심적인 것을 끌어내 정제한 것이다. 따라서 사전 지식이나 경험이 없으면 스스로 이해하기 어렵다. 교사는 이런 추상화된 내용을 반대로 구체화해야 한다. 그리고 이것을 아이들의 삶과 연결하여 사회라는 '학문'이 아니라 '내 주변의 현상'을 이해하는 살아 있는 시간으로 경험하도록 안내해야 한다. 아이들 입장에서 사회 교과가 어려운 것은, 내 주변의 일상적이고 익숙한 것들이 너무 근엄하게 활자화되어 다가가기 어렵기 때문이다. 이 어려움을 일상에서 체험하는 것으로 변환하여 아이들이 경험하고 배우도록 해야 하는 해석자의 역할을 교사가 해야 하기에 초등교사가 더 어려운 것이 아닐까 싶다.

아울러 3학년 때부터 등장하는 수학 포기자가 교사들의 고민이다. 수학에 대한 무기력은 결국 반복되는 실패에서 형성된다. 3학년이 가장 힘들게 공부하는 부분은 분수다. 최근 이산분수 개념이 도입되면서 가르치는 것도 배우는 것도 더 어려워졌다. 2학년 때 배운 구구단을 바탕으로 본격적인 연산이 시작되면서, 자꾸 계산이 틀리니 아이들은 좌절한다. 이 좌절을 극복하면서 수학을 재미있어하거나 반대로 혐오하게 된다. 그중 혐오가 수학 포기자를 만들어낸다. 수학 공부를 시킬 때 문제 해결력뿐만 아니라 연산력도 함께 교육해야 한다는 불문율이 있다. 이런 기본적인 학습력을 다지기 시작하고 본격적으로 학원에 다니면서 아직 마음은 어린데 "이제부터 공부 시작이다!"라는 메시지를 받으며 버거운 마음이 들기 시작하는 것이 바로 3학년이다.

모든 것이 낯설고 어려워서 이해 안 되고, 그런 자신을 느끼면서 자존감이 뚝뚝 떨어지기 시작하는 것이다.

복잡한 또래 관계의 시작

3학년이 되면 본격적으로 또래 관계가 시작된다. 선생님께 인정받고 착한 모습으로 보이려고 노력하던 2학년은 사라지고, 친구들과 다양한 관계를 맺고 이어가며 그 관계에 공을 들이기 시작한다.

본격적으로 배타적인 집단을 형성하는 것은 4학년 때부터지만, 여학생 사이에서는 고학년 못지않게 배타적 그룹을 형성하기도 한다. 《마녀의 못된 놀이》김경옥 지음, 문채영 그림, 소담주니어, 2021라는 책처럼 3학년 아이들이 서로를 따돌리며, 따돌려질까 봐 희생양이 되는 한 명을 갖가지 이유로 따돌리는 악순환이 반복되는 경우도 목격하게 된다. 부모는 3학년밖에 안 된 우리 아이가 그럴 리가 없다고 생각한다. 하지만 집에서만큼 학교나 방과후 교실, 학원에서 보내는 시간이 많아지는 아이들로서는 친구 관계에 민감할 수밖에 없으며, 서로 간의 역동성 속에서 보이지 않는 또래 위계가 형성된다. 이 위계는 곧 관계에서의 불평등을 뜻하며 따돌림의 실마리가 되기도 한다. 물론 철저히 계획해서 작정하고 친구를 따돌리는 것은 아니다. 어느 순간 나와 맞는 친구가 있고, 여러 가지 이유로 나와 맞지 않는 친구나 내 친구를 빼앗을 것 같은 친구를 배제하다 보니 어느덧 따돌림이라는 괴롭힘의 3대 조건이 형성된다. 힘의 불균형, 고의적, 지속적으로 따돌림을 행사하며 학교폭력의 가해 입장이 되는 것이다. 참 안타까운 일이다.

이런 집단 형성과 위계 형성이라는 것은, 결국 인기 있는 아이와 인기 없는 아이가 교실에서 자연스럽게 나타나는 것을 의미한다. 아이들이 인기를 얻는 이유는 여러 가지지만, 1, 2학년 때와는 사뭇 다르다. 1, 2학년 때는 친구를 잘 배려하고, 발표를 잘하는 이른바 모범생이 행동의 본보기가 되어 교사에게 칭찬받고, 아이들도 그런 모범생을 인정한다.

칭찬받기 위해 긍정적인 행동을 하는, 로렌스 콜버그 Lawrence Kohlberg가 말하는 '착한 소년 소녀' 단계다. 모범생 같은 아이들의 인기는 3학년 초반까지 이어진다. 어떤 학급은 유난히 인기가 집중되는 아이가 있다. 서로를 격려하고 칭찬하는 과정에서 친구마다 각자 강점과 약점이 있다는 넓은 시야를 갖지 못하고, 공부를 잘하고 인정받으면 인성 또한 그러하다는 식으로 일반화해 버리는 것을 목격한다. 즉, 발표 잘하는 아이, 공부 잘하는 아이는 착한 아이라고 일반화한다. 물론 이 모든 것을 아우르는 아이도 있다. 하지만 배려, 봉사, 친절, 예의 등 분명 덕목 하나하나를 대표하는 아이들은 다양할 텐데, 어떤 덕목을 선택하건 같은 아이를 선택하는 일반화의 오류가 집단으로 발생하고 이 과정에서 인기가 집중된다는 것이다. 어쩌면 어른들의 과잉된 일반화적 사고가 이 시기에서 비롯된 것은 아닐까 생각해 보기도 한다.

하지만 3학년 중반이 되면서 인정 주체가 교사에서 서서히 또래 친구로 이동한다. 1, 2학년 때는 모두에게 칭송받던 아이가 인기 있지만, 3학년 중반이 되면 아이들 사이에 인기 있는 아이가 등장한다. 친구들을 즐겁게 하고, 재미있게 하는 묘한 매력을 가진 아이가 있다. 가끔 선생님에게 소극적인 반항도 하고 규칙을 어기기도 하면서 교실을 웃음바다로 만들기도 한다. 아웃사이더 같은 인사이더라고 해야 할까?

여학생 사이에서는 또래보다 조숙하고 1대 1로 내 편으로 만들면서 영역을 넓혀 가는, 친구 사귀는 기술이 뛰어난 아이도 나타난다. 미묘한 관계가 형성되고, 미묘한 인기인도 등장한다. 이 과정에서 인지적으로 여전히 어린 아이들과 조숙한 아이들이 엉키면서 3학년 교실은 쉬운 듯 어려운 곳이 된다. 이유 없이 교실 밖을 배회하기도 하고 서로 몰려다니기 시작한다.

무엇보다 자아가 강해지면서 친구와의 경쟁에 눈 뜨게 되고 지기 싫어하는 아이는 관계에서도 그러한 경향을 보이기 시작한다. 함께 어울리는 것을 배우기 전에 지금 내 옆에 있는 아이가 배신할까 봐 걱정해서 따돌리거나 배척하게 된다. 자아가 강해진다는 것은 남들이 보는 나를 생각하면서도, 내가 남을 보는 시각도 형성된다는 뜻이다. 그래서 반에서 배척당하는 아이를 인식하지만, 그 아이와 어울리려고 해도 남들의 시선을 의식해 용기 내어 다가가지 못하기도 한다. 이러한 현상이 교사의 눈에 최초로 들어오는 것이 바로 3학년이다. 다행인 것은 고학년에 비해서 3학년 아이들이 교사들의 영향을 많이 받는다는 것이다. 교사의 노력으로 학급 풍토를 배려하고 존중하는 분위기로 형성할 수도 있고, 이런 분위기 속에서 아이들의 이탈된 행동들은 다시 제자리를 찾을 수 있는, 가소성이 있는 나이다.

'3학년이 그나마 쉬운 학년 아닌가?'라고 묻는다면, 30년 경력을 눈앞에 둔 입장에서 그렇지만도 않다고 답변해야 할 것 같다. 교과 지도는 고학년에 비해서 쉬울 수도 있다. 그러나 새로운 분과 교과의 도입으로 아이들이 힘들어 하는 학년이기에 안내를 세심하게 해야 한다. 아울러 생활교육 면에서는 아이 각각의 정서나 사회성 격차가 크고 그 속에서 돌발 행동을 하는 아이와 고학년 못지않게 따돌리는 아이가 혼재되어, 교사로서는 개별적 생활지도에 에너지와 시간을 많이 할애해야 해서 마냥 쉽지만은 않다. 무엇보다 아이들을 아직 순진하게만 보는 학부모와 어느 정도 객관적으로 바라보고 문제 행동을 말해야 하는 교사 간의 시각차로 인해 생활교육의 피로도가 가중되기도 한다.

그래도 3학년이 귀여운 것은 확실하다. 아이들의 행동 속에 그 이유와 속마음이 아직은 다 보이니 말이다. 그래서 학부모가 좀 더 열린 마음으로 교사와 함께 생활교육을 한다면 얼마든지 마음이 예쁘게 성장할 수 있다. 교사의 노력으로 변화가 확실하게 보이는 변화무쌍한 3학년이다.

개인적으로 내 초등학교 시절을 돌아보면, 3학년 때가 좀 힘들었다. 선생님이 매우 무서웠고, 숙제를 많이 내주시며 아이들을 좀 차별하셔서, 그 시절은 지금도 나의 트라우마 중 하나다.

선생님에게 인정받는 아이와 그렇지 않은 아이로 학급은 나뉘어 있었고, 인정받는 아이들이 나의 일거수일투족을 들여다보며 감시하는 느낌이었다. 종례 시간에 학급 임원들이 이른바 '고발'하는 시간이 있었다. 나도 그 대상이 되었다. 친구와 이야기하다가 오른쪽 골목이 아닌 왼쪽 골목으로 가는 것을 목격한 임원이 다른 길로 집에 갔다고 일러서 억울한 마음으로 손바닥을 맞았고, 마룻바닥을 닦는 걸레를 하루 못 가져가서 미끄러운 바닥에서 식은땀을 흘리며 엎드려뻗쳐 벌을 받았다. 이런 분위기 속에서 나는 나와 친구를 비교하고 나아가 우리 집과 친구들 집의 형편을 비교하는 눈이 생겼던 것 같다. 그리고 이런 작은 울분이 우울로 이어졌고, 혼자서 또는 친구들과 집 근처 산에 올라 노을을 바라보며 슬픔과 외로움의 감정도 많이 느꼈던 것 같다. 다행히 3학년 선생님 외에는 내가 만난 모든 선생님이 나를 많이 인정해 주셨다. 나의 경험을 반면교사로 삼자는 마음이 있어서인지 3학년 아이들을 좀 더 관심 있게 보게 되는 것 같다.

3학년 때 할 수 있는 인성교육의 방향은 진정한 자존감 찾기다. 학업 부담, 또래와의 비교로 스스로 자신감이 떨어지고, 심하면 무기력을 경험할 수도 있기 때문이다. 더불어 타인의 다양성을 인정하는 시각도 키워 주어야 한다. 나의 입장과 친구의 입장만이 아니라 다른 주변 사람의 입장 또한 있음을 알려 주고, 이렇게 다른 사람들과 존중하며 협동하는 재미도 일깨워 주어야 한다. 고백하자면 어떤 의도를 가지고 프로그램을 세밀하게 기획하려고 한 것은 아니다. 하지만 여러 동화와 이야기, 활동을 배치하는 과정에서 3학년 아이들과 어떤 마음에 관해 배우고 싶은지 들여다보니, '자존감'이라는 말과 맞닿아 있음을 깨달았다. 가끔은 의도하지 않았지만, 정리하는 과정에서 나의 무의식적인 힘이 한 곳을 지향할 때가 있음을 느낀다.

3학년 마음별 두드림 시간에 배우는 것

차시	영역	활동명	비고
1	진로 (자기 이해)	서로 친해져요	자기 소개하기 친구와의 인터뷰
2	자율, 학폭 예방	서로의 마음에 공감해요	《고양이 피터》 친구들과 협동하여 이야기 재구성하기
3	진로 (자기 이해)	마음을 단단하게 키워요	《난 뭐든지 할 수 있어》 나의 강점 찾기
4	자율, 학폭 예방	친구에게 관심을 가져요	《보이지 않는 아이》 소외된 친구들에게 관심 갖기
5	자율, 학폭 예방	위로하는 말을 배워요	《너 왜 울어》 친구의 마음을 이해하고, 위로하기
6	자율, 학폭 예방	감정을 다스려요	《부루퉁한 스핑키》 토라짐의 감정을 안전하게 푸는 방법
7	자율	가족의 마음에 귀 기울여요	《돼지책》 가족을 서로 이해하고, 돕기
8	자율	작은 힘이 모이면……	《으뜸 헤엄이》 협동의 의미를 이해하고, 방법 알아보기
9	자율, 학폭 예방	친구와 서로 도와요	협동 게임 협동의 필요성 이해하기

서로 친해져요

수업 활동 _ 질문으로 시작하기

1, 2학년 아이 대부분은 발표 왕이다. 다만 발언권을 얻고 발표하는 아이와 발언권 없이 막무가내로 발표하는 아이로 나뉠 뿐, 아이들의 자기표현은 가공할 만하다. 가끔은 너무나 개인적인 말을 뱉어 버리는 바람에 아이들이 오해할까 봐 수습하느라 진땀 흘릴 때도 있다. 그만큼 순수하고 천진난만하다. 그런 아이들이 3학년이 되면서 눈치를 보기 시작한다. 여전히 발표력이 왕성한 아이도 있지만, 아이들이 자라는 과정에서 뭔가 변화를 감지하게 된다. 나의 행동을 제삼자의 입장에서 바라보는 자의식이 서서히 생기는 듯하다. 이런 자의식의 발달로 아이들은 조금씩 신중한 모습과 소극적인 모습을 보이기도 한다.

활동2. 친구와의 인터뷰 게임

옆에 앉은 친구에게 할 질문 3가지 만들기

질문1. 너는 언제부터 태권도를 배웠어? 태권도가 마음에 드니?

　답변:

질문2. 너는 부먹이야 찍먹이야? 이유는?

　답변:

질문3. 너는 심심할 때 뭐해?

　답변:

친구와의 인터뷰 게임 예시(위)와 활동 사진(아래)

하지만 친구 관계에 관심이 커지기 시작한다. 이런 3학년에 게 수업 중 친구와 원 없이 이야기해 보도록 시간을 주고 싶었다. 그래서 친구와의 인터뷰 게임을 넣었다.

"옆에 앉아 있는 친구와 인터뷰 게임을 할 겁니다. 우선 친구에게 궁금한 것 세 가지를 질문으로 써 보세요."

아이들은 다소 막막해한다.

"형제가 어떻게 되냐, 엄마가 좋아 아빠가 좋아, 취미는 뭐냐, 생일은 언제냐 등등이 가장 쉬운 질문이겠지요?"

"하지만 아까 짝꿍의 장래 희망을 들었으니, 왜 그 꿈을 갖게 되었는지 물어보면 좀 더 많이 이야기를 나눌 수 있을 것 같네요. 예를 들면 ○○이 꿈이 축구선수라고 했지? 그럼 그 짝꿍은 '언제부터 축구선수를 꿈을 가졌어?', '어떤 축구선수를 가장 좋아해?' 이렇게 물어볼 수 있겠지요."

2학년에서 갓 올라온 학생들이라 아이들 질문에 수준 차가 많이 날 수밖에 없다. 질문 만드는 것도 버거운 학생들은 내가 제시한 질문을 그대로 베끼기도 한다. 기억한 것만도 얼마냐 싶다. 가끔은 창의적인 질문을 하는 아이도 있다. 개인적으로 가장 인상에 남는 질문이 있다. '부먹이 좋아 찍먹이 좋아?' 이 질문을 발견한 당시에는, 미디어에서 한창 먹방이 유행하고 있었다. 아이들이 이 영향을 받는구나 싶었다. '여자 친구가 있어?', '어떤 여자 친구를 사귀고 싶어?' 등 벌써 이성 친구에 관심을 두는 녀석도 있다.

질문하면서 친해지기

질문을 만든 후, 기자가 인물 인터뷰를 하듯이 질문하고 답변하면 듣고 받아 적는다. 친하지 않은 친구와 짝꿍인 경우 서로 배시시 웃으면서 서먹해하다가 어느덧 친하게 이야기 나누는 장면을 자주 목격하게 된다. 먼저 말을 걸고, 친구가 되자고 제안하는 것에는 큰 용기가 필요하다. 이런 부담을 수업 시간을 활용하여 덜어 주려고 '인터뷰 게임'을 해 보았는데, 아이들은 매우 즐거워한다. 여러 사람 앞에서 발표하는 것도 아니고 친구와 이것저것 부담 없이 질문하며 대화할 수 있으니, 표정에 행복이 가득하다.

종료를 알리는 신호가 무색하리만큼 대화에 몰두하고 소리 내어 웃으면서 대화하는 아이들도 있지만, 몇 마디 질문하고는 곧 멀뚱하니 앉아 있는 아이도 있다. 안타깝다. 친구들과 사귈 기회인데, 이런 기회를 활용하지 못하니 평상시에는 어떨까 싶다. 하지만 이것이 아이들만의 모습만은 아닐 것이다. 어른 중에도 낯선 사람과 대화를 이어가는 것이 자유로운 사람과 그렇지 못한 사람이 있으니 아이들만 탓할 것은 아니다.

아울러 이번 차시 활동은 몇 년 전 붐이 일던 '하브루타'라는 질문 놀이의 데우기 과정이기도 하다. 질문에는 사실, 이유, 감정, 상상의 질문이 있다. 하지만 아이들 대부분은 사실 질문에 머무는 경우가 많다. 고학년에서는 질문의 종류를 사례를 들어 말해 주지만, 저학년이나 중학년에서는 자유롭게 질문하는 것만으로도 격려하고 칭찬한다. 직감적으로 단순히 사실을 묻는 '저수준'의 질문과 감정, 상상 등 꼬리를 무는 질문을 하는 '고수준'의 질문을 느끼도록 하는 것으로 족하다.

인터뷰를 하면서 친구에 대해서 알게 된 점

내가오늘 인터뷰를 해서 ▨가

좋아하는 애니메이션을 알았고

▨가 참 창의성 있는 아이온

진은 알았다. 그리고 ▨도

나랑 똑같이 특이하게

고양이과족 좋아하는걸 알았다

아이돌 중에는 고양이 과를

메모1

좋아하는 에가 떡로 업썼는데

유진이가 좋아하는건 화고

나와 똑같은건 좋아해 조금

놀랐다. 내인 ▨와

헨체 같은 자리 안좌. 정모+

좋다.

활동 후 소감

34

인터뷰를 하면서 친구에 대해서 알게 된 점

___는 아빠보다는 엄마
가 좋고 혈액형은 A형 지금까지
성격 중에서 가장 않 좋든
점수는 48점 이라는 것을
알았다. ___(짝)와
처음 으로 인터뷰를 해보니
재미있었고 ___고 예전없다

메모1

혈선~~ 더 친해진
느낌이 둘이서 기분이
참 좋다 다음에
또 하고 싶다.

인터뷰를 하면서 친구에 대해서 알게 된 점

나는 ___이가 엄마가
좋는지 아빠가 좋는지 아주
재미있게 알았다. 그리고
뮤지컬 배우중에서 누가
제일 좋은지도 알았다.
내 친구는 이런것을 좋아
하는 것을 알았다.

메모1

또 ___이와 더 친해
지고 싶다는 생각도 많이
들 었다. 그리고 엄마가
좋은지 아빠가 좋은지
질문이 가장 기억에
남았다. 왜냐하면
나도 대답하기가

활동 후 소감

2차시

서로의 마음에 공감해요

동화의 가치를 이해한다는 것

맨 처음 《고양이 피터》에릭 리트윈 지
음, 제임스 딘 그림, 이진경 옮김, 상상의힘, 2012
를 접했을 때, 휘리릭 넘기며 눈으로
읽으면서 '이게 좋은 책이라고?' 생각
했다. 그때만 해도 좋은 동화를 볼 줄
아는 안목이 없었다. 학창 시절에는 도
스토옙스키 작품의 수준과 분량은 되
어야 책이라고 할 수 있다며, 자기개발
서나 짧은 인기에 기대어 과대하게 자기 경험을 부풀리는 책들
을 가볍게 생각했기에, 쉽게 쓰인 듯한 동화에 좀 거부감이 들었
는지도 모르겠다. 글도 그림도 성실해야 한다는 '성실 강박증', 뭔
가 교훈이 있어야 한다는 '권선징악 강박증'에 빠진 내 성격상,
그 틀에서 벗어난 동화를 받아들이기가 쉽지 않았다. 그나마 고

등학교 때 감수성이 있어서 시를 무척 좋아하고, 어릴 때 읽었던 안데르센 동화들의 이미지가 머릿속에 남아 있기에 동화를 진지하게 받아들일 가망은 있었다. 하지만 초등학교 교사가 되어 아이들을 이해하기 위한 수단으로 동화를 이해해야 한다는 또 다른 강박에 시달리며, 동화를 재미있고 의미 있게 바라보는 것이 쉽지 않아 좀 방황했다. 공교육을 통해 분석적인 좌뇌형 인간으로 길든 내가 갑자기 우뇌를 끌어내 창의적으로 쓰려니 힘들었던 것 같다.

　동화로 수업하고 인성교육 하는 방법이 막 뜨기 시작할 때, 역사 교육으로 유명한 어떤 선생님이 백 권이 넘는 유명한 동화를 모두 사서 이틀 만에 다 읽었다는 말을 들었다. 그 선생님의 열정을 부러워하면서도 '동화를 그렇게 읽는다고? 머리로만 읽는군.' 하며 미소로 당황스러움을 감췄다. 문득, 나 또한 저 선생님과 다를 바 없구나 싶었다. 그 선생님을 통해 나를 들여다보고 성찰하고 반성하는 묘한 기분이 들었다. 동화를 머리가 아닌 마음으로 받아들여야 하는 것임을 순간 깨달은 것이다.

　동화는 글과 그림을 모두 보아야 한다. 가끔 글을 보지 않고 뚫어지게 그림만 볼 때도 있다. 마치 금광을 찾아 헤매는 광부처럼 그림 속에 숨겨진 의미를 찾기 위함이다. 그런데 이렇게 들인 공도 무색하게, 아이들에게 책을 소개하고 의미를 이해시키려고 하면, 아이들은 너무나 쉽게 직관적으로 찾아낼 때가 종종 있다.

　예전에 친구와 미술관에 간 적이 있다. 프란시스코 고야 전이 열리고 있었다. 유명한 그림들은 대학 시절 미술사 시간에 이미 접한 것이라 충격은 덜했다. 인파에 밀리다시피 하며 2층으로 올라가 그림을 관람하는데 갑자기 동그라미로만 그려진, 그나마 색깔이 이중이라 '그림은 그림이군'이라 할 수 있는 작품 앞에 섰다. 문득 친구가 물었다.

"너 미술교육과 나왔다고 했지? 내가 그림에 문외한이라 그런데, 대체 이 그림이 왜 유명한 거냐? 사실 나도 그리겠고, 아이도 그릴 수 있을 것 같은데……."

그 말에 나는 당황했다. 그때까지 유명하다고 하니까 유명한가 보다 생각했지, 그 이상으로 생각해 보지는 못했던 것 같다. 무엇보다 미술교육을 부전공으로 한 입장에서 이 작품의 가치를 설명하라니, 더구나 습작 같은 이 작품을 말이다.

"그러게, 솔직히 나도 잘 모르겠다. 아마 유명한 사람이 그렸으니 가치가 있다고 보는 것 같은데? 난 솔직히 개인적으로 이런 추상 작품 좋아하지 않아서 말이지."

미술사를 배웠다는 사람 입장에서 대답이 궁색하여 약간 부끄럽기도 했다. 물감을 조금이라도 쓸 줄 아는 사람이라면 그릴 수 있는 이 작품을 그림이 아닌 작품이라고 하는 이유는, 그 그림 속에 작가의 생각과 감정이 정제되어 표현된, 그야말로 자신에 대한 추상이라고 말하지 못한 것이 아쉽다. 그것을 읽을 수 있는가 아닌가가 바로 미적 안목이 있느냐 없느냐의 차이일 것이다.

가끔은 미술작품이 사기라는 생각이 들기도 한다. 이것을 통렬하게 비판한 마르셀 뒤샹 같은 미술가도 있지만 아직도 전문적인 미술가는 아닌지라, 미술가들만의 뭔가가 있겠다는 미술적 우상 신화에서 벗어나지는 못하고 있다.

덕수궁 석조미술관에서 보았던 대가가 그린 그 쉬운 작품과 아이의 작품의 차이라면, 인간의 발달 단계에서 찾을 수 있다. 즉, 의도적으로 그리는 것과 발달 단계상 그 정도밖에 그릴 줄 몰라서 그리는 것은 다르다는 것이다. 교육심리학에서 피아제가 말하는 전조작기 아이들이 보이는 창의적인 말과 행동들은 사실 발달 단계상 자연스럽게 지니게 되는 특징이다. 자전거가 움직이므로 살아 있다, 이 복숭아는 내가 따 먹으라고 있는 것이다, 저 해는 매일 여행한다, 낮잠에 꾼 꿈은 창문 밖에서 들어 온 것이다 등등 어른의 입에 웃음이 지어지는 아이들의 말들을 접했을 때, 우리는 창의적인 생각이라고 여긴다. 그러다가 학교 교육을 받으면서 아이들의 이런 창의적 생각이 사라지는 것이 안타깝다고 말한다.

그러나 전조작기의 사고적 특징을 아는 사람이라면 아이들의 이런 표현은 창의성이 아니라 인지적 발달상의 특징에서 비롯되는 사고임을 안다. 따라서 전조작기, 구체적 조작기를 거쳐, 논리적 사고가 가능한 형식적 조작기의 사고를 하고, 탁월한 데 생 실력과 표현 능력, 철학을 가지고 있는 화가가 언뜻 보기에 아이와 같은 작품을 그려 세상에 내놓은 것은 무엇인가 의미가 있다는 것을 미루어 짐작할 수 있다.

물론 '아름다움이란 무엇인가'라는 논의는 미학에서 다양한 주제로 다루고 있지만 한때 이와 관련된 강의를 열심히 들으러 다녔는데, 아직도 확실하지 않다 그냥 보기 좋은 것만이 예술작품이 아님은 확실하다.

동화를 보는 시각도 그러하다. 재미있는 줄거리, 엄청난 상상력이 느껴지는 작품도 있지만, 아이들이 보는 동화책의 글귀는 간단하고 단순하여 쉽게 그 가치를 찾기 어렵고, 그림도 어떤 그림이 훌륭한 그림이라는 기준은 딱히 없다. '앤서니 브라운'의 섬세하고 의미가 가득한 동화, '데이비드 위즈너'의 묘해서 뚫어지게 바라보게 되고, 상징과 우연성, 의외성, 상상으로 가득한 동화가 더 훌륭한 것이라고 단정할 수도 없다. 확실한 조건은 아이들이 좋아하고 자꾸 찾는 동화가 훌륭한 동화일 것이다.

이런 의미에서 《고양이 피터》는 아이들에게 분명 좋은 동화다. 아이들이 즐거워하기 때문이다. 작품의 첫째 조건, '카타르시스'를 아이들 수준에 맞게 충족시켜 준다. 하얀 운동화를 신고 그것도 고양이가 당당하게 길을 걸으며 어른들이 밟지 않았으면 하는 것들을 밟고 돌아다니는 것에서 아이들은 쾌감을 느낀다. 딸기 더미를 밟고, 블루베리를 밟고, 진흙을 밟는데, 밟을 때마다 "으, 안 돼!" 하지만, 피터는 그런 일탈을 즐기는 것 같다. 곧이어 "난 좋아, 내 빨간 운동화~" 하며 빨간 자동차 위에서 기타를 치며 노래를 부르고 있으니 말이다. 아이들이 하얀 운동화를 신고 피터처럼 빨간 딸기밭, 블루베리 더미, 진흙더미에 들어갔다가는 엄마에게 엄청나게 야단맞을 텐데, 피터는 야단도 맞지 않고, 저렇게 노래나 부르고 있으니 참 부러울 것이다. 더구나 맨 마지막에는 물에 첨벙 들어가서는 젖은 채로 길을 걸으며 운동화의 촉

감을 즐거워하고 있지 않은가?

어릴 때 말 잘 듣는다고 칭찬받던 내 아이들도, 고양이 피터의 마음을 가지고 있음을 깨닫게 된다. 비 오는 날 웅덩이로 다니지 말라고 하면, "예." 대답하고는 얼마 안 있어 물웅덩이를 일부러 밟고 지나간다. "엄마가 웅덩이를 피하라고 했는데, 일부러 더 밟는 것은 뭐니?" 하며 나무라면, 해맑게 웃으면서 "알아요. 그런데 발이 나도 모르게 가는데? 그냥, 물을 밟아보고 싶어. 그러고 싶은데 어떡해요." 하며 나를 당황하게 한다. 하지만 이상하게 걱정은 되지 않았던 것 같다. 약간 잔소리는 하지만, 이런 일탈은 곧 나이가 들면 알아서 없어지려니 하며 놔두었던 기억이 있다.

하얀 운동화를 좋아한다는 피터의 말은, 깨끗한 것을 좋아한다는 어른들 시각이 아님을 깨닫게 된다. 운동화가 하얘서 경험에 따라 여러 색깔로 물들일 수 있어서 고양이 피터는 하얀 운동화 신기를 즐겼다. 어느덧 아이들보다 신이 나서 "으, 안 돼~!" 하며 읽어 주는 나 자신이 이 책에 빠져 있음을 새삼 깨닫게 된다.

수업 활동 _《고양이 피터》에게 질문하면서 긍정성 배우기

'이것으로 어떻게 수업하지?'
이야기가 짧아서 퀴즈를 내기도 좀 어렵고, 간단한 글, 반복되는 문장이 3학년 아이들에게 시시하지 않을까 걱정도 좀 되었다. 하지만 이 책을 읽어 주면서 느껴지는 리듬에 아이들은 재미를 느끼기 시작했다.

"…… 그만 블루베리 더미를 밟고 말았어요. 피터는 울었을까요?"

그러면 아이들은 "아니오." 대답하고, 나는 "그럼요, 울기는요. 피터는 노래를 부릅니다."라고 읽어 주면, 아이들이 랩처럼 노래를 부른다.

"난, 좋아. 내 파란 운동화, 정말 좋아 내 파란 운동화, 왜냐하면 ○○○ 하니까."

아이들은 모처럼 가락도 없는 쉬운 글을 랩처럼 읽으니 안심이 되고 편한가 보다. 아이들과 함께 읽으면서, "예, 예~" 하고 랩 하듯 뒤에 추임새를 넣으면 더 신나 한다.

동화책을 차분하게 읽어 주는 것도 좋아하지만, 쉬운 문장은 아이들과 함께 읽는 것도 좋고, 무엇보다 반복되는 운율에 또 다른 즐거움을 느끼는 것 같다.

책 자체가 주는 즐거움 이후, 이 책의 가장 큰 의미를 나는 '긍정성'으로 잡았다. 요즘 아이들은 조금만 손해가 나면 쉽게 짜증을 낸다. 친구의 작은 실수뿐만 아니라 내가 잘하지 못하는 일을 쉽게 포기하고 신경질 내는 요즘 아이들어른인 나도 포함해 모두에게, 상황은 어쩔 수 없이 닥치는 것이지만, 그것을 대하는 태도는 나의 선택이며 그로 인한 결과는 완전히 다를 수 있다는 것을 깨닫게 하고 싶었다. 행복은 스스로 만들어 가는 것이며, 그

42

것은 상황과 맞닥뜨렸을 때 순간의 선택이고, 선택의 결과가 바로 행복감이나 불행감으로 나타나는 것임을 피터를 통해 알려 주고 싶었다.

하얀 운동화를 좋아하는 고양이 피터가 딸기, 블루베리, 진흙, 물을 차례로 밟으면서 그때마다 상황을 즐겁게 받아들이는 것을 보면, 분명 보통 성격은 아니다. 깔끔한 체하는 아이가 많아서 나 또한 그러하다 손에 무엇만 묻어도 견디기 힘들어하는데, 하얀 운동화를 좋아하는 피터는 다양한 색깔로 물드는데도 그것을 노래하며 즐겁게 받아들이니 '회복 탄력성resilience'이 우수하다. 이것을 아이들에게 어떻게 전달할까도 고민이 되는데, 동화가 짧아서 당황했다.

'고양이 피터의 긍정성을 아이들이 이해하게 하려면 어떻게 해야 하지?' 갖은 고민을 했다. 고민 끝에 가장 좋은 방법은 '공감'이라는 생각이 들었다. 아이들이 고양이 피터의 입장이 되어 보게 하는 것이다. 피터에게 확인하고 싶고, 알고 싶은 질문을 만들라고 했다. 1차시에 친구에게 하는 질문을 만들어 보았기 때문에 아이들에게 별도로 설명하지 않아도 질문을 잘 만들어 낸다.

질문을 어느 정도 만들면, 인터뷰를 진행한다. 내가 자주 활용하는 뜨거운 의자hot seating 기법을 활용한다. 역시나 교사의 연기가 필요하다.

"얘들아, 밖에서 고양이 피터가 기다리고 있어요. 들어오라고 할까?"

고양이 피터 인터뷰하기

말이 끝나자마자 아이들 눈이 둥그렇게 변하며 깜짝 놀라는 표정을 지을 때는 마치 다람쥐 여러 마리가 모여 있는 것처럼 보여 그 귀여움에 저절로 웃음이 지어진다.

"에이, 거짓말이죠?"

"아니야, 진짜예요. 벌거벗은 임금님 이야기에서처럼 착한 사람 눈에는 보이는데……. 한번 볼까요?"

앞문을 열고 "피터야 들어와." 하며 눈길을 의자 쪽으로 보내고 피터가 앉아 있다고 하면 아이들은 안 보인다는 사실을 말해야 하는지 속아 주어야 하는지 고민하는 것 같다. 갈등하는 그 표정이 참 재미있다.

"자, 피터에게 질문해 봅시다. 시간이 많지 않다고 하네요."

아이들은 이름을 누가 지어 주었는지, 왜 하얀 운동화를 좋아하는지, 딸기 등등을 밟았을 때 기분이 어땠는지, 운동화는 어떻게 구했는지, 고양이는 물을 싫어한다고 하는데 마지막에는 왜 물통에 빠졌는지, 뭘 믿고 그렇게 당당하게 걸어 다니는지 다양하게 물어본다. 사실 질문, 원인 질문, 감정 질문, 상상 질문 등이 자연스럽게 아이들을 통해 나타나는 것이 경이롭다.

"너는 그런 일을 겪고 어떻게 속상하지 않았어?"

"그런 마음은 어떻게 배우게 되었어?"

이렇게 질문하면 대답을 끌어내고, 내가 원하는 답변인 '긍정성'을 아이들에게 알린다.

수업 활동 _ 피터의 노래 가사 바꿔서 불러 보기

저학년은 모둠 활동이 쉽지 않다. 발달 단계상 보이는 특유의 '자기중심성'이 남아 있는 아이가 많기 때문이다. 이것은 이기주의가 아니다. 인지 발달상 세상을 자기 중심으로 이해하다 보니 상대방 입장에서 이해하는 것이 조금 어렵다는 것이다. 그래서 활동하다 보면 서로 이해를 못 해서 싸우거나 갈등하기도 한다. 하지만 교육을 통해 '조망적 수용 능력'을 기르도록 해야 한다. 놀이를 통해 스스로 터득하기도 하지만, 수업에서 다양한 활동을 하면서 기를 수도 있다. 저학년 때는 짝 활동pair work을 하면서 서서히 친구와의 활동을 확장해 간다. 이것이 익숙해지면 서너 명의 모둠별 활동으로 확장한다.

1차시에는 서로에 관해 물어보는 짝 활동을 했고, 2차시에서는 모둠 활동을 해 본다. 피터처럼 각자 좋아하는 운동화를 상상하고 그것을 피터 노래의 형식에 맞춰 개사하는 것이다. 쉽게 될 줄 알았다. 하지만 3학년은 3학년이다. 2학년에서 갓 올라왔기에 서로 의견을 모으는 것이 쉽지 않다. 소란스럽게 싸우는 듯 말하는 모둠에 가 보았다.

"우리 셋은 연두 운동화가 좋은데, 애는 혼자서 검은 운동화래요."

"우리 모둠은 아이들이 모두 좋아하는 운동화가 달라요."

이렇게 대답하며 울상을 짓는다. 갈등이 심한 모둠은 교사가 모둠의 리더가 되어 의견을 다시 듣고 조율한다. 색을 하나의

46

고양이 피터의 노래 가사 바꿔 불러 보기

의견으로 모으지 못 하면 무지갯빛이라고 하거나 좋아하는 색 첫 글자만 합해 '빨하녹노' 식으로 합치는 것도 방법이라고 제안한다.

하지만 아이들은 물리적으로 합치는 것에 잘 수긍하지 않는다. 그것이 최선은 아니라는 것을 아이들도 아는 것이다. 또한 한 학생이 자신의 의견을 끝내 굽히지 않을 때도 그 아이의 의견을 무시하는 상황이 되지 않도록 해야 한다. 그러지 않으면 이후로 이 모둠은 서운함에 앙심을 품은 아이가 무의식적으로 분풀이하게 될 수도 있기 때문이다.

피터 이야기를 들었기에 대부분 색깔에만 집중한다. 하지만 가끔 색깔을 벗어난 기능을 설명하는 아이도 있다. '하늘을 나는 운동화', '투명 운동화', '마법 운동화' 등등 다른 아이들보다 사고가 유연한 아이가 있다. 유난히 '10억 운동화'로 비싼 것을 강조하는 아이도 있었다. 현재 무엇에 관심을 두는지 느끼는 순간이다.

끝내 조율이 안 되는 모둠도 있다. 안타깝지만, 그 모둠에는 오늘 시간에는 발표하기 어려우니, 다른 모둠의 발표를 들어 보라고 권할 수밖에 없다. 이 과정에서 '함께하기' 위해서는 양보와 이해가 있어야 함을 아이들이 스스로 깨닫기를 바란다.

어느 정도 가사를 완성하면 모둠별로 연습하게 한다. 한 줄씩 발표하는 아이들, 우렁차게 처음부터 끝까지 발표하는 아이들, 한 줄씩 발표하다가 끝에서 함께하는 아이들 등, 다양한 형식으로 랩 공연을 한다.

활동 2. 고양이 피터 노래를 우리가 바꿔 봐요

※ 모둠별로 (   )안을 채워 가사를 완성하고 리듬과 가락을 붙여 함께
발표합니다!

난 좋아
내 (   ) 운동화
정말 좋아
내 (   ) 운동화
난 좋아
내 (   ) 운동화
왜냐하면, (   ) 하니까!

3학년인지라 간단히 색깔과 이유만 쓰도록 한다. 쓰다가 시간을 다 보낼 수도 있고, 함께하는 것이라 복잡하게 하면 감당할 수 없다. 레프 비고츠키Lev Semenovich Vygotsky의 비계 이론을 들먹이지 않더라도 활동 위주의 수업에서 아이들에게 쓰는 것에 부담을 과하게 주는 것은 활동 시간을 줄이고 활기를 잃어버리게 할 수도 있기 때문이다. 활동지에 나와 있듯이 괄호 채우기로 간단히 쓰도록 한다.

드디어 모둠별로 발표한다. 순서대로 할 수도 있지만, 먼저 준비된 팀부터 하는 것이 수업에 활기가 있다. 앞에 나와서 하다 보면 나오고 들어가고 시간이 오래 걸리니, 그 자리에서 모둠원들이 일어나 바로 발표하게 한다. 이 수업은 그래서 2중 디귿 자로 자리를 배치한다. 연습까지 마친 모둠은 리드미컬하게 하기도

한다. 신나게, 심지어 목의 핏대까지 세우며 열정을 다해 발표하는 아이들을 보노라면 대견하다. 얌전한 아이들은 얌전하게, 활기찬 아이들은 활발하게 자기 모습대로 함께 읽는다.

서서히 친구들과 어울려서 함께한다는 것이 무엇인지, 그 과정이 쉽지는 않아도 이해와 양보로 마음을 맞추어 간다는 것이 어떤 것인지 아이들이 느끼기 시작한다. 이러한 함께함의 과정은 이론이 아닌 '경험'으로 느끼고 배우는 것이다. 이런 배움이 바로 우리가 생각하는 인성교육의 지향점일 것이다.

정리하기 _ 피터에게 편지 쓰기

피터는 고양이지만 당당하고 긍정적이다. 수업 초반에 아이들과 함께 책을 읽으며 이야기를 나누었듯이 이러한 긍정성은 아이들이 배워야 할 인간의 마음이다. 정서교육은 여러 차원에서 말할 수 있지만, 우리가 쉽게 떠올리는 것은 평온, 낙관성, 유대감일 것이다. 즉, 분노 대신에 '평온함', 절망감과 무기력 대신에 '낙관성', 소외감 대신에 '유대감'을 기르기 위해 학교는 교육과정에 맞춰 학급경영 계획을 세우고 실천하는 것이다.

이 중에서 낙관성은 정말 중요하다. 이 낙관성은 낙천성과 다르다. 좌절할 만한 일이 벌어졌을 때, '될 대로 되라, 알 게 뭐야.' 하며 포기하고 회피하는 것은 낙천성이다. 이에 비해 낙관성은 좌절할 만한 상황에도 희망의 단서를 찾고, 실패 속에서 배움과 전진의 동력을 찾는 힘이다. 요즘 떠오르는 '회복 탄력성'의 요소 중 하나가 바로 '낙관성'이다. 실패하더라도 유난히 잘 일어나는 사람이 있다. 고무공처럼 튀어 오르며 오히려 더 크게 도약하는 이 사람들은 실패와 좌절을 또 다른 기회로 만드는 놀라운 재주가 있다. 물론 아프고 좌절도 했을 것이다. 누구나 상처를 입지만 그것을 극복하는 내적 강도는 사람마다 다르다는 것에 비극이 있다. 다행인 것은 이러한 회복 탄력성은 부모와 교사의 보살핌과 지지, 격려 속에서 교육을 통해 기를 수 있다는 것이다. 이러한 낙관성은 선천적으로 지니고 태어날 수도 있고, 태어나서 부모와의 유대감이 잘 형성되고, 사람에 대한 신뢰감이 잘 조성되어서 낙관적으로 양육된 것일 수도 있지만, 주 양육자나 교육자들의 교육을 통해 회복 탄력성은 기를 수도 있는 것이다.

학창 시절이 본격적으로 시작되는 3학년 아이들이 《고양이 피터》 관련 활동을 통해 이러한 긍정과 낙관성을 접하면서 잠시만이라도 자유롭길 기대했다. 피터를 통해 아이들이 느낀 점을 정리하면서 글쓰기 과정에서 구체화할 수 있다.

고양이 피터에게 쪽지글 쓰기

피터야, 안녕은 난 ██ 야. 긍정적인 모습

을 보고 내가 너를 본 받고 싶었어. 나는

긍정적이지 않고 화를 많이 내거든

그리고 너가 부르는 노래가 정말 중독성

있고 재미있었어 너의 목소리도 최고

고 있고, 너의 모습이 너무귀여웠

어. 앞으로도 그런 긍정적으로 살기

바래. 나도 너처럼 긍정적으로

생각할게~ 피터야~ 앞으로도

메모1

예쁜 신발많이 신어~ 밍

고양이 피터에게 쪽지글 쓰기

To. 고양이 피터야

안녕.

왜 신발을 좋아하니?

너가 가진 긍정의 마음을

생각하며 친구들과 노래를

부르니 너의 긍정의 마음을

알수있었어. 너의게

난 배울점이 많아.

그럼 안녕. 너녕

메모1

노래가사를
바꾸면서 부르니
긍정의 마음을 배울수있을거
같다. (긍정의 마음을
동생에게도 알려주어야
겠다

고양이 피터에게 쪽지 글쓰기

52

3차시
마음을 단단하게 키워요

자존감에 대하여

우리는 누구나 행복해지기를 원한다. 행복의 조건에 관해 철학이라는 학문으로 수많은 현자가 의미를 정의하지만, 실제로 행복한 사람들의 특징이 '자기 만족감', '자신감', 좀 더 나아가 '자존감'이 높다는 것을 부인하는 사람은 없을 것이다. '스스로 품위를 지키고 자기를 존중하는 마음'을 가져야만 행복할 수 있다.

자신을 존중하고 사랑한다는 것은 말이 쉽지, 실천하며 살기는 쉽지 않다. 어릴 때 과대화된 자기가 현실에 부딪히며 내면은 점점 위축되고 어느 순간 자신감마저 잃어버리는 경우를 많이 본다. 거기에 '가짜 자존감pseudo self-esteem'이 형성되면서 열등감을 극복하려고 허세를 부리고 센 척하며 그릇된 행동을 하는 아이도 종종 보게 된다. 가짜 자존감은 의식적인 삶, 책임감, 자아통합으로 자존감을 쌓기보다는 언제 추락할지 알 수 없는 불안한 인기, 재산, 성적인 편력 등에서 자존감을 구함으로써 불안정한 어른으로 성장할 수도 있다.

교사로서 행복한 아이들을 길러내는 요소로 '자존감'을 떠올리며 자존감의 바이블이라고 할 수 있는 너새니얼 브랜든의 《자존감의 여섯 기둥》김세진 옮김, 교양인, 2015을 읽은 적이 있다. 저자는 왜 자존감이 더욱 중요한 시대가 되었는지를 이렇게 말한다.

> 우리가 의지하는 구원해 주리라 믿었던 전통, 권력이 사라진 시대가 왔다. …… 따라서 이제는 오로지 자신에 의지해야 한다. 자율적 인간이 되기를 요구하고 있다. 아이러니하지만, 자유가 주어지는 의식적 선택, 결정이 많아진 지금 오히려 자존감은 더욱더 필요하다.
> - 《자존감의 여섯 기둥》 내용 요약

의미심장한 말이다. 자기가 제대로 서지 못하면 선택과 결정은 바람직하지 못하고 결국 불행한 삶을 살게 된다. 더구나 오늘날의 세계는 더 많이 확장되었다. 정보의 홍수, 데이터의 홍수 속에서 선택하고 결정할 것은 더 많아졌고, 스스로 문제를 해결하고 살아가야 한다. 온라인과 오프라인의 광야에 서 있는 우리 아이들에게 학교가 무엇을 해 주어야 할까? 세상을 살아가며 스스로 당당하게 결정할 수 있는 마음의 힘 즉, '자존감'이다. 이것은 부모와 교사가 길러 주어야 한다. 문제는 교과서처럼 지식으로 익히는 것이 아니라 보여 주고 체험하게 해 주어야 한다는 것이다. 특히 본보기가 되는 교사와 부모가 먼저 자존감을 지니고 있어야 한다. 그래서 인성교육이 어려울 수 있다. 아이는 어른의 거울이기에 자신을 끊임없이 점검하고 성찰해야 인성교육을 제대로 할 수 있다.

그렇다면 과연 자존감은 무엇일까? 자신을 사랑하는 것 이상의 좀 더 깊이 있는 뜻을 알기 위해서는 브랜든이 제시한 자존감의 2대 요소가 도움이 된다. 그의 말에 의하면 자존감은 '자기 효능감'과 '자기 존중'으로 구성된다. '자기 효능감self efficacy'은 삶의 도전에 직면했을 때 필요한 기본적인 자신감이다. 도전적인 상황에서 '할 수 있다'라는 생각으로, 실수하더라도 바로잡는 힘이다. 성공한 경험이 많을수록 높아지는 경향이 있다. 자존감의 또 다른 축인 '자기 존중self respect'은 자신이 행복을 누릴 만한 가치가 있는 사람이라고 느끼는 것이다. 자신을 사랑하지 못하는 사람은 상대방을 동등한 입장에서 진정으로 사랑할 수 없다고 한다. 이 둘은 모두 높을 수도 있고, 한쪽만 또는 둘 다 낮을 수도 있다.

나는 자기 효능감은 대체로 높은 편인 것 같다. 실패하거나 힘든 상황이 오면 묘하게도 열정이 생기고, 이 일은 나의 노력으로 좋아질 것이라는 생각을 자연스럽게 하게 된다. 합리화를 위해 운이 나빴다거나 다양한 핑곗거리를 생각하기는 하지만 어느 순간 만회하려고 행동한다. 실패를 바로잡기 위한 행동을 이미 시작하는 것이다. 아울러 실패를 부끄러워하기보다는 그것을 통해 배운다는 긍정적인 생각을 한다.

신규 교사였을 때 우리 반이 첫 진단평가에서 다른 반에 비해 낮게 나왔다. 그때 좌절감보다는 '이 아이들이 나와 함께하며 최소한 중간 성적이 되도록 올릴 수 있을 거야. 이제부터 시작이다.'라는 생각으로 향상에 대한 열의가 일어나는 느낌을 받았다. 어떨 때는 성적이 나쁜 아이들이라 내가 필요하겠다는 생각으로 가르칠 계획에 신이 나기도 했다. 그런 마음 덕분인지 아이들과 나의 노력으로 성적을 올렸다. 교사로서의 효능감이 나름 높았다. 물론 개인적으로 효능감이 낮은 부분도 있다. 하지만 전반적으로 인생의 도전에 쉽게 굴하지 않는 것은, '자기 효능감'이 높아서일 것이다. 수업이나 강의 때도 가끔 실패할 때가 있는데, 그럴 때 속상함보다는 무엇이 문제고 다음에 어떻게 개선해 나갈 것인지 고민하는 단계로 바로 넘어갔다.

그러나 '자기 존중'은 잘 모르겠다. 좋은 일이 있어도 묘하게 걱정하고 있으며, 있는 그대로 성공을 받아들이지 못하는 경향이 있다. 분명 좋은 일인데, 검은 그림자가 마음속에서 스멀거리며 올라온다. 분명히 나는 행복을 누릴 만한 가치가 있는 사람인데, 온전히 누리지 못하며 허무감을 느낄 때도 있다. 학교에서도 실적을 내는 활동들을 하면서 어느 순간 나의 가치를 동료 교사에게 알리려는 자신을 발견하며 고민에 빠진 적도 있다. 물론 많은 부분은 아이들, 교사들, 학부모들을 위한 선의의 행동이었다. 그러나 어쩌면 나의 존재를 좀 더 부각해야 한다는 생각에 사로잡혀 자신을 피곤할 정도로 채찍질하며 일에 몰두하는 모습을 자각할 때면, 나의 선의가 과연 진정한 선의였는가 뒤돌아보게 된다. '자기 존중감'이 높다면, 그렇게 많이 애를 쓰면서 나의 능력을 보여 주려고 노력하지 않았을 것이며, 일하더라도 여유를 가지고 나를 챙기면서 처리해 나갔을 것이다.

5학년 부장을 할 때, 유난히 독서를 많이 하는 유쾌한 선생님과 같은 학년을 담당하게 되었다. 그 선생님과 이야기하다가 나의 자기 존중감이 왜 높지 못한지 답을 찾았던 것 같다. 그 선생님은 자기에 관한 부정적인 평가를 고등학교 때 어떤 친구에게 처음 들었다고 한다.

"너는 뭘 믿고 그렇게 당당해? 넌 공부는 좀 하지만 안경 쓰고 살도 좀 찐 편이고 뭐 잘난 것도 없는 것 같은데?"

그 친구의 말을 듣고 충격을 받았고, 최초로 자기 외모에 대해서 생각하게 된 계기가 되긴 했지만, 심술궂은 그 친구의 말에 큰 상처를 받지 않았던 것은 어릴 때부터 엄마에게 받은 메시지 덕분이었다고 한다.

"우리 미선이는 이 세상에서 가장 예쁘다."

"미선이처럼 예쁜 아이는 이 세상에 없지, 그럼."

"네가 엄마 딸이라서 고마워. 정말 아름다운 아이를 하늘이 주셨지."

이런 말을 종종 들었고, 무슨 일을 해도 늘 격려와 칭찬을 받았다고 한다. 사랑과 격려의 말, 내 존재를 있는 그대로 인정해 주는 엄마의 말이 마음에 켜켜이 쌓여 세상이 가시 돋친 말로 공격해도 잘 막아내는 방패가 된 것이다. 그 방패가 바로 '자기 존중감'이었다.

난 그 선생님의 말씀을 들으며 부러웠다. 나는 어떠했을까? 결혼하기 전 우리 가족을 말하자면, '정직'의 미덕이 지나치게 발달한 가족이었다. 외모부터 성적 등등 가족으로부터 칭찬받은 기억이 거의 없던 것 같다. 책에 빠져 있으면 "정말 책을 많이 읽는구나."라는 말보다는 "그렇게 책만 판다고 뭐가 나오니?", 성적이 좋으면 "공부만 해서 그런가 넌 왜 그리 답답하냐."라는 말을 들었던 것 같다.

물론 친척이나 주변 어른을 만나면 "그렇게 공부를 잘한다면서?", "그렇게 책을 많이 읽는다면서?"라는 칭찬을 들으며 부모님이 다른 사람에게 내 자랑을 하시는 것을 보니 나를 자랑스러워하시는구나 싶어 당황하면서도 위안이 되기도 했다. 하지만 부모님께 직접 칭찬받은 기억은 거의 없다.

삶이 팍팍하고 힘이 들어, 가족의 생계 때문에 아이를 있는 그대로 수용하고 인정하고 칭찬하는 데 인색할 수밖에 없는 상황이었다는 것은 이해한다. 하지만 이런 상황에서 자란 '내면의 아이'는 이유 없는 분노나 과한 배려 등의 여러 가지 모습으로 '자기 존중감'을 채우기 위해 자신을 피곤하게 만들었던 것 같다. 다행인 것은 학교에 다닐 때 선생님들께서 칭찬과 격려를 많이 해 주셨다. 무엇보다 유년기에 할머니와 많은 시간을 보냈고, 할머니가 있는 그대로 나를 예뻐하고 그림을 그릴 때도 잘 그린다,

꼬깃꼬깃한 돈을 꺼내 문방구에서 공책을 사 주시며 너는 공부를 잘할 아이라며 인정해 주셨던 기억이 그나마 오늘의 나를 있게 한 힘이었던 것 같다.

나처럼 내면적으로 복잡하고 힘든 삶을 살지 않도록 개인적으로 난 그 복잡한 INFJ다. 내가 키우는 아이나 내가 가르치는 아이들이 '진정으로 자신의 가치를 알기' 바란다. 브랜든이 말한 것처럼 최선을 다해 자신의 신념대로 살고자 하는 의식적인 삶, 나를 소중히 여기고 나의 감정과 내적 동기를 이해하는 자기 수용의 삶, 책임지는 삶, 자기 주장적 삶, 목적에 집중하는 삶, 자기 통합적 삶이라는 자존감의 여섯 기둥을 모두 가르칠 수는 없겠지만, 무엇보다 자신이 온전한 존재로 받아들여지고, 명확하게 규정되고 실행되는 한계 안에서 자신의 욕구와 소망을 탐색하고 실현하기 위해 노력하는 과정만은 알려 주고 싶다.

이러한 이유에서 《나는 뭐든지 할 수 있어!》하인츠 야니쉬 지음, 헬가 반쉬 그림, 서지희 옮김, 나무상자, 2016라고 말하며 자기의 경험 자체를 사랑하는 너구리 프랭키의 이야기로 수업을 시작한다.

수업 활동 _《난 뭐든지 할 수 있어!》의
프랭키에게 질문하기

프랭키는 날고 싶어 하고, 예수님처럼 물 위를 걷고 싶어 하는 조금은 무모한 너구리다. 늘 실패하지만, 그 실패가 무엇인가를 발견하는 원동력이 되고, 친구를 살리는 우연을 만들기도 한다. 맨 처음 이 책을 아이들에게 읽어 줄 때는 솔직히 재미가 없었다. 글 밥이 적지 않아 줄여서 읽어 주면서 그나마 덜 지루하긴 했지만, 그래도 감동보다는 '아이들이 과연 프랭키의 행동을 보고 재미있어할까?' 의구심이 더 들었다. 다음 해에는 빼야겠다고 생각했다. 그러나 날려고 시도하는 과정에서 진흙 마사지를 하고, 독수리 둥지로 들어가는 등 갖가지 사건에 아이들이 흥미를 보이는 것을 느꼈다. 프랭키의 호기심과 시도가 실패가 아닌 모험이고, 이에 따른 배움의 연속임을 나는 물론 아이들도 이해하게 된 것이다.

이 책은 명작으로 선정되지는 않았다. 그러나 출판된 많은 책은 다 그 나름의 가치가 있으며, 명작이라고 모두에게 명작이 아니고 졸작이라고 모두에게 졸작은 아님을 이해하게 된다. 물론 명작으로 계속 인정받는 작품의 특징이 있다. 그러나 한 권의 동화가 명작인지 아닌지는 전적으로 개별 독자인 아이에게 달렸다.

3학년 전체 수업은 자존감 향상을 지향하지만, 협동을 생각하는 장치도 일부러 고민했다. 같은 내용을 수업하다가도 문득 소소한 아이디어가 큰 힘을 발휘하기도 한다. 어떻게 하면 더 의

60

미 있게, 더 재미있게 할 수 있을까 고민하면서 했던 작은 시도
가 좋은 수업을 만들 때가 있다. 그 방법은 아이들이 상호작용할
수 있는 것들로 구상하는 경우가 많다. 수업은 상호작용 속에서
배움이 일어나는 과정이니까 말이다.

　이야기를 들려주고 아이들에게 돌발 퀴즈를 두 가지 냈다.
등장인물의 이름은 비교적 쉽게 맞혔다.

　"너구리는 프랭키, 새는 쫘당, 개구리는 칼 구스타프요."

　"엄청, 기억력이 좋은데! 그런데, 과연 이것은 맞힐 수 있을
까?"

　"뭔데요?"

　"프랭키가 자랑한 것 일곱 가지 기억해서 쓰기."

　아이들은 당황한 표정으로 '두세 개 밖에 생각이 안 난다',

활동 1. 돌발 퀴즈

질문 1. 등장인물 이름 맞히기
질문 2.프랭키가 찾은 것(자랑한 것)은?

'하나도 생각이 안 난다'라고 하소연한다.

"응, 그렇지. 하지만, 우리 자신을 믿어 보자고. 우선 30초 동안 생각나는 대로 각자 써 보세요."

머리를 싸매고, 얼굴을 찡그리며 주변을 두리번거리는 아이들에게 이번에는 희소식을 전한다.

"앞, 뒤, 옆에 있는 친구와 의논해도 좋아요."

아이들은 웬 떡이냐는 표정으로 여기저기 친구들과 의논하며 기억해 내려고 애쓴다. '아하' 표정을 짓는 아이, 다른 친구 것을 넘겨보는 아이, 여럿이 모여서 서로 답을 대조해 보는 아이

서로 답을 맞춰 보는 아이들

등, 행동은 다양하다. 내가 아는 것을 알려 주는 것에 신이 난 아이도 보인다. 나로 인해 친구들이 도움을 받는 것에 기쁨을 느끼는 것 같다.

드디어 '집단지성의 매직'을 경험하는 순간이다.

"자, 이제 서로 찾은 것을 다 같이 말해 볼까요?"

"알록달록 나뭇잎, 새까매진 앞발, 풀들로 만든 날개, 반짝이는 유리구슬, 하트 모양 나무껍질, 빛나는 흰색 돌."

아이들의 입에서 술술 답이 나온다.

"우와, 그것 봐! 다 말하잖아. 그런데 하나가 빠졌네요."

그 순간 영리한 학생이 말을 한다.

"맨 마지막에 프랭키가 '쾅당'을 찾았을 때, 이렇게 멋진 거 본 적 있냐고 했어요. 그러니까 '쾅당'이 답인가요?"

혼자보다는 협력하는 것이 물리적인 힘뿐만 아니라 지력의 세계에서도 중요함을 아이들이 이해하는 소중한 순간이다.

혹시라도 아이들이 지루해하지 않게 프랭키에게 할 질문을 생각하며 이야기를 듣도록 안내했다. 2차시에 고양이 피터에게 할 질문을 만들어 보았기 때문에 아이들은 어렵지 않게 질문을 만든다. 나이를 묻는 단순한 사실 질문부터 이유, 감정, 상상 질문까지 아이들은 다양하게 질문을 만든다. 질문을 쓸 때는 고민하다가도 뜨거운 의자 인터뷰가 시작되면 기발한 질문을 생각해 내는 아이도 있다. 나처럼 쓰는 것이 익숙한 아이도 있지만, 쓰기보다는 직접 소통하면서 더 좋은 질문을 만들어 내는 아이도 있다. 어떤 방식으로든 참여하도록 분위기를 만드는 것이 중요하다.

활동2. 인터뷰 질문 만들기

<프랭키에게 하고 싶은 질문을 써 봅시다>

질문1. 왜 알록달록한 나뭇잎을 받기한후,

왜 기뻐했니? 답:

질문2. 왜 꽈당한테 낳고 싶다고 희롱하게 말했니?

답:

답: **질문3.** 넌왜 모든것이 잘하고 싶고 자랑하고 싶니?

질문4: 왜 매일 꽈당을 찾아니? 답:

활동2. 인터뷰 질문 만들기

<프랭키에게 하고 싶은 질문을 써 봅시다>

질문1. 너의 이름은 왜 프랭키니?

4. 못하는것은 없니?

질문2. 너는 모든지 할수 있니?

5. 넌 나이가 몇이니?

질문3. 유리구슬 말고 더 멋진

물건이 많이 많이 있니?

프랭키에게 질문하기 활동지(위)와 수업 장면(아래)

수업 활동 _ 꿈 릴레이 발표 게임으로 자기 존중감 높이기

곧이어 자랑하기 게임에 들어간다. 그러나 이것은 두 가지로 진행할 수 있다. 학급 수준이 높은 편이면, 즉 아이들의 자존감이 높은 편이라서 아이들이 자신의 장점을 쉽게 찾아낸다면 '나의 자랑 10가지'를 쓰고 바로 게임에 들어가면 된다. 하지만 몇 년간 이 시간을 운영하면서 보니, 아이들이 생각보다 자신이 잘하는 것을 발견하는 것을 어려워했다. 심지어 어떤 반은 '달리기'를 잘한다고 말하니 어떤 아이가 대뜸 "너보다 ○○가 더 잘하는데?" 하고 말해서 무안을 주는 경우도 있었다. 또래 관계에 관한 관심은 곧 서로에 대한 비교로 이어지는 부정적인 면도 있다. 고민하다가 그렇다면 차라리 '잘하고 싶은 것'을 말하도록 하면 어떨까 싶었고, 아이들은 의외로 잘하고 싶은 것은 쉽게 썼다. 게임이 우선이고 메모는 수단이니, 쓰는 것에 시간을 들이지 않도록 낱말로 쓰게 했다. 아이마다 잘하고 싶은 것이 달랐지만, 학급별로도 반의 특성에 따라 잘하고 싶은 것에서 묘한 공통점이 느껴지기도 하였다. 어떤 반은 유독 스포츠나 운동 방면에서 아이들이 잘하고 싶어 했지만, 과학자나 역사학자 등 탐구적 경향의 장래 희망을 가진 아이들은 수학, 과학, 영어 등 공부 쪽을 유독 잘하고 싶어 했다. 내가 어릴 적, 1, 2학년 때는 고무줄놀이나 공기놀이를 잘하고 싶어 했던 것 같은데, 요즘 아이들은 일찍부터 영어, 수학 등 공부를 잘하고 싶다고 하니 조금 안쓰럽기도 하다. 시대별로, 세대별로 아이들이 잘하고 싶은 것은 달라진다.

이렇게 쓴 것을 토대로 아이들이 공을 돌리며 잘하는 것을 말하기 시작한다. 4인 한 모둠으로 1, 2, 3, 4 순서를 매긴다. 1번 아이가 공을 잡고 "수학을 잘하고 싶어요."라고 말하고 2번 아이에게 공을 넘기면 2번 아이는 "공기를 잘하고 싶어요."라고 말하고 3번에게 공을 넘기는 식으로 진행한다.

중간에 공을 떨어뜨리면 떨어진 공을 주워서 말하고 넘겨야 한다. 민첩성도 필요하고, 다른 친구가 잘 받도록 배려도 해야 한다. 그러나 결국 개인의 성실성과 전체 협동심이 중요하다.

교사는 시간을 1분 주고 1분 안에 네 명이 총 말한 개수를 세어서 가장 많이 말한 팀에게 적절한 보상을 한다. 30초를 줘도 보통 네 개에서 일곱 개 이상까지 말한다. 보상하지 않더라도 함께 협력하여서 무엇인가 이루었다는 것에 아이들은 뿌듯함을 느끼게 된다. 수줍어서 말을 잘 하지 않는 아이도 공을 릴레이로 돌리면서 이야기하다 보면 엉겁결에 말을 잘하면서 발표에 자신감을 갖게 되는 좋은 효과도 있다. 모둠을 위해 말을 빨리하다 보니 말을 흘리는 아이도 있고, 단어만 말하는 아이도 있다. 그럴 때는 잠시 정지시키고 반칙이라고 이야기도 하지만, 게임이 시작되기 전에 유의 사항을 먼저 전달하는 것이 더 좋다. 사소한 게임이지만 이를 통해 아이들은 자기의 소망을 표현하는 자신감을 갖는 것이다.

활동3. 난 뭐든지 할 수 있어

<프랭키처럼 솔직하게 '내가 잘하고 싶은 것' 10가지 쓰기>

1. 수학　　　그림
2. 줄넘기　　　게임
3. 춤　　　동영상
4. 노래　　　꾸러집
5. 달리기　　　피아노
6. 영어　　　머리묶기
7. 롤러　　　놀기
8. 글씨체
9. 인라인
10. 수영

공밀레이 ' 내가 잘하고 싶은 것' 말하기

활동3. 난 뭐든지 할 수 있어

<프랭키처럼 솔직하게 '내가 잘하고 싶은 것' 10가지 쓰기>

1. 공부를　잘하고싶어
2. 영어를　잘하고싶어
3. 일본어를　잘하고 싶어
4. 글씨체 쓰기를　잘하고싶어
5. 달리기를　잘하고 싶어
6. 운동을　잘하고 싶어.
7. 시쓰기를　잘하고 싶어.
8. 동화쓰기를　잘하고 싶어
9. 배려하기
10. 춤.

잘하고 싶은 것 쓰기 활동

공을 전달하면서 하는 꿈 릴레이 발표

잘하고 싶은 것을 잘하려면……

우리는 누구나 다양한 소망욕구을 가지고 있고, 이 소망은 나이를 먹으면서 다양하게 변해 간다. 그러나 '무엇인가를 잘하고 싶다'는 소망은 잠시 꾸는 백일몽이 아니라 진정한 현실의 바람이라고 볼 때 이에 대한 실천이 필요하다. 이 실천은 '노력'이다. 아이들과 자신의 꿈 릴레이 발표 게임을 마치고 정리하면서 이 점을 강조한다.

"여러분이 잘하고 싶은 것이 많다는 것을 알았어요. 그것은 그만큼 열심히 살겠다는 마음, 살아 있다는 증거니까 참 대견하네. 그런데 이것이 단지 꿈이 아닌 현실이 되도록 하려면 무엇이 필요할까요?"

이러한 질문을 아이들에게 던지면 아이들은 직접 실천하는 것, 희망, 용기 등 다양한 것을 이야기하다가 내가 원하는 '노력'이라는 말을 한다.

"맞아요. 여러분의 의견 중에 특히 '노력'이라는 말이 가장 적당한 것 같고, 그렇다면 이렇게 정리해 봅시다. '내가 잘하고 싶은 것을 이루기 위해서는 노력이 필요하다'라는 말을 모두 같이 씁시다. 그러고 나서 내가 정말 잘하고 싶은 한두 가지를 쓰고 구체적으로 무엇을 할 것인지 쓰면서 정리하도록 해요."

이 말을 듣고 쓱쓱 잘 쓰는 아이만 있는 것은 아니다. 그럴 때는 예를 들어 설명해 주면 아이들은 응용하여 정리한다. 정리 과정을 통해 아이들은 이 시간의 핵심 메시지를 잘 이해하고자신의 바람과 노력, 무엇보다 자신이 정말 바라는 것이 무엇인지 인식하는 기회가 된다. 나를 인식하는 가장 처음의 과정, 내가 잘하는 것이나 잘하고 싶은 것을 진지하게 생각하는 나의 인식 과정이 바로 '자존감'을 기르는 첫 단계임을 믿는다.

내가 잘하고 싶은 것을
이루기 위해서는 '노력'이
필요하다. 노력을 많이
하기 위해서는 힘들어도
열심히 하기와 긍정 적이
게 살기 입니다 그래
서 나는 뮤지컬
배우가 되고 싶으면 정
말 좋겠고 앞으로도
노력을 많이하고 꼭
마틸다 처럼 뮤지컬
배우를 꼭 이루고
싶고 하고싶다. 앞으로도
노력을 많이 하고 싶고
할거다.

내가 잘하고 싶은 것을 정말 잘하기 위해 필요한 것은 무엇일까요?

내가잘하고 싶은 것을 이루기
위해서는 노력이 필요하다, 왜냐
해면 나는 줄넘기를 잘 못해
서 매일 30분씩 줄넘기를
할것이고 노력할 것 입니다.
프랭키에게 프랭키야,
나도 너처럼 잘하고 용기 있고
긍정적인 아이였으면
정말 좋겠어. 안녕
너의 친구 이현 ♡

자기가 어떤 노력을 할 것인지 적은 활동지

4차시
친구에게 관심을 가져요

따돌림으로 상처받는 아이들의 마음

학교에서 다양한 학교폭력 사안을 접하게 된다. 신체적 폭력, 금품 갈취, 강요, 요즘 조금씩 늘어나는 언어폭력 및 사이버 폭력, 성추행 등등 다양하다. 그러나 따돌림을 학교폭력 사안으로 처리해야 하는지 모호한 상황이 생긴다. 개인적으로 3학년 여학생 사이에서 일어난 따돌림 사건에 개입한 적이 있다. 고학년에 비해 저학년에 속하는지라 아이들뿐만 아니라, 학부모, 교사도 심지어 나 자신조차도 따돌림을 하는 가해 학생들에 대한 태도가 다른 학교폭력 사안에 비해 미묘하게 미온적으로 흐르고 있음을 경험했다.

'학창 시절에 그럴 수도 있지.'

'사회 생활하다 보면 그런 경우가 많은데, 일종의 통과의례 아닌가?'

'자신을 단련시키는 과정이지.'

'피해 학생 측이 너무 예민한 거 아니야?'

'피해 학생에게 뭔가…… 대인 관계에 문제가 있겠지.'

이런 메시지를 '따돌림' 사건과 관련된 사람들에게서 받는다. 아마도 다른 학교폭력에 비해서 증거가 명확하지 않아 보이고 피해 학생의 마음에 많은 상처를 남겼음에도 불구하고, 매우 미묘하고 은밀하게 진행되기 때문이다. 아울러 피해 학생 측에서도 가해 학생들의 태도가 모호해서 속만 끓이고 자신이 예민한 것은 아닌지 자책하는 경향도 있다. 신체 폭력처럼 눈에 보이지 않다는 점이 따돌림을 학교폭력 사안 중에서 중하지 않게 바라보는 것 같다.

그러나 '따돌림'은 분명히 학교폭력이다. 은밀하고 교묘하게 피해자의 마음을 야금야금 갉아먹는 정신적인 폭력이다. 비유가 좀 과격하지만, 개구리를 죽이려면 신체적으로 손상을 입혀서 한 번에 죽일 수도 있고, 서서히 삶아 죽일 수도 있다. 처음에 개구리를 따뜻한 물에 넣는다. 그러다가 조금씩 온도를 높이면 참을 수 있는 임계치를 넘어도 그것을 잘 인식하지 못하다가 결국 뜨거운 물에서 죽고 만다는 것이다. 따돌림을 당하는 아이들의 마음이 그렇게 파괴된다는 것이다. 가랑비가 별것 아닌 것 같아도 계속 맞고 돌아다니면 옷이나 머릿속이 푹 젖듯이 따돌림은 그러한 정신적인 스트레스와 상처를 준다. '이 정도는 다 겪는 거잖아?'라고 안일하게 생각하는 동안에 아이들의 마음은 오히려 더 큰 상처를 받는 것이다.

이러한 논리와 사실에도 불구하고 겉으로 잘 드러나지 않는다는 이유로 교사도 고개를 갸우뚱하고, 가해 학생과 학부모는 억울해한다. 가끔 나는 심리적 상처도 꺼내어 보여 줄 수 있으면 좋겠다고 생각한다. 자존심에 자신의 아픔을 말하지 못하고, 알 수 없는 감정에 어쩔 줄 몰라서 혼란스러워하는 따돌림 피해 학생들의 마음이 육체적 상처처럼 눈으로 드러난다면 덜 괴롭히고 더 인정할 수 있지 않을까 싶어서다.

따돌림당하는 아이들의 마음은 《보이지 않는 아이》_{트루디 루}

_{드위그 지음, 패트리스 바톤 그림, 천미나 옮김,} _{책과콩나무, 2013}라는 작품에 잘 드러난다. 이 책의 작가도 아마 나처럼 이 아이들의 마음을 시각화하는 방법을 고민한 것 같아서 아이들에게 소개할 수 있다는 점이 반갑다.

수업 활동 _ 이상한 '무궁화꽃이 피었습니다' 게임을 하면서 따돌림당하는 마음 느껴 보기

바로 책으로 들어가기 전에 간단한 게임을 통해서 아이들이 따돌림이 어떤지 느껴보도록 한다. 따돌림당하는 친구의 마음을 느껴보도록 하는 공감교육은 학교폭력 예방 교육에서 자주 한다. 관련 학생들 역할을 맡아 진행되는 역할극, 투명 인간 피구

_{피구 경기를 하는데 한 학생을 정해서 그 아이만 없는 사람 취급하면서 경기를 진}

74

^{행하는 것} 등 다양한 방법이 있지만, 간단히 친구들의 표정이나 행동을 통해 소외되는 느낌을 느껴 보게 하는 것만으로도 아이들에게는 효과가 있다.

'무궁화꽃이 피었습니다'라는 놀이로 활동해 본다. 술래인 아이가 '무궁화꽃이 피었습니다'라고 하면서 뒤를 돌아보면 술래가 아닌 아이들은 따돌리는 행동을 조각상처럼 표현하는 과정에서 술래인 아이가 따돌림을 당하는 친구의 심정을 느껴 보는 것이다. 싸늘한 눈빛, 팔짱을 끼고 경멸하는 듯 옆으로 바라보는 행동, 손가락질하는 행동, 비웃는 표정, 귓속말하며 힐끔거리는 표정, 위협하는 몸짓, 혀를 내밀며 놀리는 표정, 엄지손가락을 밑으로 하며 야유하는 몸짓 등 다양한 행동과 표정으로 마음을 아프게 하는 것이다.

이 게임에는 술래와 술래 아닌 아이들, 그리고 관찰하는 아이들이 있다. 술래인 아이들은 의도적으로 학급에서 인기가 있거나 아이들 사이에서 인정을 많이 받거나 학급 내에서 보이지 않는 권력 서열이 높은 아이나 친구들을 잘 놀리는 아이를 뽑는다. 술래가 아닌 아이들은 자기표현을 잘하거나 아이들 사이에서 역할극, 발표 등에 적극적인 아이를 뽑는다. 가끔 개구쟁이들을 뽑아 배치하기도 한다. 나머지 관찰하는 학생들은 섣불리 나서지 않으려는 아이들이다. 일단 지켜보고 느낀 점을 이야기하도록 하면서 수업에 참여시킨다.

아이들의 따돌리는 표정을 느껴 보겠다고 자원하는 아이들을 뽑을 때 특히 조심해야 한다. 예전에 근무하던 학교에서 어떤 상담사가 아이들을 데리고 역할극을 진행하는 과정에서 여학생 여덟 명 무리에서 은근히 따돌림_{은따}당하는 여자아이A를 피해자로 놓고 나머지를 가해 학생으로 하여 수업한 적이 있었다. 이 과정에서 가해 학생들은 대놓고 펼쳐진 가해 상황에서 역할극이 아니라 실제 그 여학생에게 있던 불만을 공격적이고 사실적으로 표현했다. 그 역할에서 피해 학생으로 공격당한 A는 나름 강한 성격이었지만, 너무나 사실적으로 들어오는 집단 공격에 상처를 받았다. 상담사는 담임교사와 다른 여학생들의 말만 믿고 A가 다른 아이들을 직설적으로 말해서 상처를 입히거나 귀찮게 행동해서 아이들을 괴롭히는 것으로 생각하고 A를 피해자 입장에서 겪어 보도록 한 것 같았다. 하지만 집단 프로그램을 할 때의 숨겨진 상황은 아이들 사이에서 A가 일곱 명의 아이에게 은따당하고 있었다. 이를 어른들이 눈치채지 못했다. 문제는 이 역할극을 할 때 A뿐만 아니라 다른 일곱 명의 여학생도 피해자의 입장에서 느껴 보도록 하면서 서로 반성하는 시간을 갖도록 해야 했다. 하지만 시간이 너무 짧았고, 역할극 운영에만 치중하던 상담사에 의해 A는 졸지에 피해자로 더 강화된 것이다. 더 큰 문제는 A가 눈물을 흘리며 서 있는 상황에서 그냥 들여보냈고, A의 심정만 이야기하고 끝냈다는 것이다. 아마도 A가 심정을 이야기하면 나머지 일곱 명이 이해할 거라 생각했던 것 같다.

이 수업 후 상담사는 바로 돌아갔지만, 학부모들이 A의 엄마와 우연히 만나서 이 수업에 대해 이야기 하며 "어머, A 엄마는 그것도 몰랐어? 아이가 말 안 해?" 하며 위해 주는 척 자존심을 건드리는 말을 했다고 한다. 이를 듣고 아이의 엄마와 할머니, 고모까지 학교로 찾아왔다. 바로 교장실로 들어가 소리를 지르고 겉옷을 벗어 던지며 폭언하는 상황이 벌어졌다.

교장 선생님이 진정시키고 자초지종을 들었다. 해당 상담사를 불러서 사과하게 하고, 수습은 했지만, 상담사의 섣부른 수업으로 인해 여러 사람이 상처를 입은 사건이었다. 아이들의 역동성에 대해서 깊이 있게 이해하지 못한 채 깊은 마음을 건드리는 역할극을 하는 것은 위험할 수 있다.

이 사건이 일어났을 때 교감 선생님이 나에게 이런 프로그램이 수업에 쓰여서 일이 일어났는데 잘못된 것이냐며 상담사의 프로필까지 보여 주시면서 조언을 구하셨다. 정황을 들으며 상담사가 한 프로그램은 자주 쓰이는 방법이기는 하지만, 그 마무리가 없었고 아이들의 감정을 다치지 않도록 해야 했었는데 운영이 미숙했던 것 같다고 말씀드렸다. 아울러 지금이라도 담임교사가 A의 입장에서 다친 마음을 이해하고 위로해 주어야 한다고 전했다. 물론 가해했던 일곱 명도 불러서 지도해야 한다고 알려드렸다. 내가 직접 겪은 일은 아니지만 학교폭력 프로그램을 운영하면서 이 사건을 '타산지석'으로 삼고 있다.

"우리 반에서 정신력이 가장 강한 친구가 누구죠?"
"우리 반에서 가장 공감을 잘하는 친구는 누구죠?"
아이들에게 추천받고, 추천된 아이에게 술래가 되어 보겠냐고 묻는다. 아이들은 술래라면 재미있는 것일 테고 좋은 의도로 추천했을 텐데 이유를 모르겠다는 표정으로 멀뚱히 바라본다. 곧 닥쳐올 감정상의 어려움을 모른 채 말이다. 혼자 입장이 되어 보면 힘들 수도 있기에 3~5명 정도를 술래로 한다.

그다음에는 술래의 구령에 따라 움직일 아이들을 뽑는다. 스릴 있는 입장이기에 너도나도 하겠다고 하지만 조건을 단다. 발표나 역할극 등 자기표현을 잘하고 선생님의 지시를 잘 따를 학생이어야 한다고 말이다. 한동안 갸우뚱하다가 이 재미있는 것을 놓칠 수 없다면서 너도나도 하겠다고 하는 아이들이 3학년이다. 하지만 7~10명 정도로 제한한다.

술래인 아이들은 칠판을 보도록 하고, 술래가 아닌 아이들을 구석에서 만나서 어떤 행동을 해야 하는지 지시한다. 아이들은 신나 죽겠다는 표정이다. 선생님이 그런 행동을 하지 말라고 해야 하는데 오히려 하라고 하니 재미있을 수밖에 없을 것이다. 친구를 위해 진지하게, 정말인 것처럼 표정과 행동을 해야 한다고 전한다.

'무궁화꽃이 피었습니다'가 시작되고, 정신력이 최고인 술래들이 돌아보는 순간 친구들이 짓는 따돌림의 표정과 행동에 적잖이 당황한다. 하지만 곧 평정심을 찾고 게임에 참여한다. 가까이 와서 놀리고 야유하고 비웃고 경멸하는 행동을 맞닥뜨리자 서서히 분노를 표현하는 아이도 있지만 나의 얼굴을 보더니 어이없다는 듯 웃으며 참는다.

다 끝나고 나서 술래였던 아이들에게 느낌을 물어본다. 어떤 아이는 뽑힌 입장이라서 "뭐, 괜찮았어요." 쿨한 척하기도 하

이상한 무궁화꽃이 피었습니다 게임의 공격(위)과 외면(아래)

지만, "당황했다, 속상했다, ○○가 가장 얄미웠다, 내가 갑자기 아이들에게 이런 대접을 받으면 학교 안 다닐 것 같다."라고 느낌을 말했다. 술래를 놀렸던 아이들은 "재미있었다, 또 하고 싶다."라고 솔직하게 말하는 아이도 있었고, "조금 미안했다."라고 말하는 아이도 있었다. 관찰하던 아이들도 "재미있긴 하지만, 내가 당하면 정말 힘들 것 같다."라면서 소감을 말했다.

시간이 나면 술래와 놀리는 아이들을 바꾸어 본다. 술래였던 아이들은 이때가 기회라고 복수하듯이 열심히 따돌리는 행동을 재연한다. 이런 감정에 대해서도 충분히 이야기를 나눈다.

몇 년 전까지만 해도 이 게임 시키기를 별로 주저하지 않았다. 하지만 얼마 전 한 사건을 겪은 후, 술래인 아이들을 선발할 때는 더욱 세심해야 한다는 것을 느꼈다.

그날도 정신력이 강한 사람을 뽑으려 했더니, 다들 자신 있다며 자기를 시켜달라고 했다. 많은 아이 중에 아는 것도 많고, 똑똑해 보이는 한 남학생에게 이 역할을 시키면서 문제가 발생했다. 이 남학생에게 여학생 두 명과 함께 칠판을 보고 있게 한 후, 술래가 아닌 아이들에게 어떤 반응을 해야 하는지 알렸다. 아이들은 신난다는 듯 놀릴 준비를 했다. 이윽고 나의 지시와 더불어 "무궁화꽃이 피었습니다" 하며 세 아이가 뒤를 보았고, 아이들은 엄지손가락을 밑으로 내리며 "우~" 하거나 메롱 하거나 팔짱을 끼고 노려보는 등 다양한 행동을 했다. 그런데 갑자기 그 남학생이 손을 부들부들 떨더니 격분했다.

"야, 너희가 뭔데 나한테 그래. 잘난 것도 없으면서 감히? 너희, 가만히 안 둘 거야! 가만히 안 둘 거야!"

순간 나는 그 아이가 아이들을 웃기려고 장난으로 그렇게 반응하는 줄 알았다. 그런데 아이의 얼굴과 눈빛, 주먹 쥐고 부들부들 떠는 손을 보고 심상치 않은 상황임을 깨달았다.

"여러분 그만합시다, 그만! ○○야, 많이 놀랐나 보다. 놀이인데 너무 화가 났구나. 미안하네."

아이는 여전히 화를 내며 금방 욕이라도 할 기세였다. 눈빛이 누그러진 것은 조금 시간이 지나서였다. 아이가 감정을 추스를 동안 여학생 두 명에게 느낌이 어땠는지 물으니, 생글생글 웃으면서도 "화가 났다, 복수하고 싶었다."라고 말했지만, 그래도 진짜가 아니라는 생각과 아이들이 혀를 내밀고 놀리는 표정이 웃긴다고까지 했다. 두 아이는 이것이 실제가 아니라는 것을 알고 게임에 임했고, 아이들의 가짜 놀림이라도 어쩔 수 없이 부정적인 감정이 일어났지만 이것은 모의 상황이라고 판단하며 나름 참는 전략으로 당황과 서운함, 화 등의 부정적인 감정을 걸러냈다.

하지만 남학생은 그렇지 못했다. 다행히 아이는 누그러졌지만, 이후로 수업에 잘 참여도 안 하고 나와 이야기도 잘 안 하고 뚱해 있다. 걱정되어 방과후 담임교사에게 물으니 안 그래도 아이들에게 갑자기 화를 내고, 장난을 잘 받아들이지 못해 불끈할 때가 많아서 걱정이라고 했다. 그런 일이 가끔이지만 반복이 되면서 친구들과도 잘 사귀지 못하니 부모님께 말씀드렸다고 했다. 그 부모도 아이의 상황을 알고 있었고 걱정이라고만 할 뿐, 서서히 나아지겠거니 보고 있다는 것이었다.

최근 몇 년 사이 놀이 상황에 감정을 제대로 추스르지 못하는 아이들을 발견하게 된다. 게임에서도 이러할 진데, 살면서 겪게 될 여러 가지 억울한 상황에서 한 번 숨 고르고 전략을 생각하는 이성적 판단 없이 바로 급발진하는 아이들은 세상을 어떻게 살아갈까 걱정이 된다. 상대와의 관계에서 느끼는 서운함을 다른 사람보다 예민하게 받아들이고, 왜곡해 생각하면서 그 복수심을 표출하는 데 몰두하지 않을까 싶다. 그래서 정서지능에 새롭게 주목하는 것 같다. 정서를 인식하고, 이해하며, 조절하고 활용하는 일련의 과정은 누구나 비슷하게 지니고 태어나지 않는다는 점은 교육자가 고민할 부분이다.

이런 학생들이 술래가 되지 않도록 잘 살피면서 게임을 진행하면, 정신력 최고에 인기 많은 술래들은 '따돌림'의 심정이 어떤지 새삼 느끼며 이런 위치에 있는 친구들의 심정을 조금이나마 이해하는 기회가 된다.

'고양이와 쥐' 게임도 이런 감정 공감 게임이 될 수 있다. 쥐 두 마리와 고양이 두 마리를 뽑아서 나머지 사람들은 울타리를 치고 쥐가 들어갈 때는 열어 주고 고양이는 못 들어가게 막는 게임인데, 고양이 역할을 한 사람들이 친구들이 막을 때 느낌을 이야기하며 집단으로부터 소외당하는 느낌을 겪어 보게 하는 것이다.

좀 더 적극적으로, 아이들이 공간에 의자를 놓고 앉아 있고 한 의자만 비워 놓는다. 구석에 있던 아이가 사회자의 지시에 따라 그 자리에 오기 위해 노력한다. 그런데 그 아이가 의자 쪽으로 오려고 할 때 앉아 있는 아이들이 자리를 이동해 앉으며 한 아이가 가려는 길을 방해하는 게임도 있다. 아이들은 의자를 옮겨 앉느라 의자로 오려는 아이를 신경 쓸 겨를도 없이 신나게 활동한다. 그러나 의자에 도착하려는 아이는 어느 순간 얼굴이 붉어지고 울상이 되면서 마음 가득 당황과 서운함, 안타까움을 느끼게 된다.

어떤 게임을 기획하건 이런 게임은 아이들의 감정을 세심하게 읽고 서로 이해하면서 마무리하는 것이 중요하다. 그냥 게임으로만 끝내서는 안 된다. 게임 시간을 줄이더라도 활동 후 서로의 감정을 솔직하게 말하면서 털어내고 게임이었을 뿐이라는 것을 인식시켜, 부정적인 감정에서 벗어나도록 도와야 한다.

수업 활동 _《보이지 않는 아이》를 함께 읽으며 이야기의 숨은 뜻 발견하기

아이들이 《보이지 않는 아이》 책을 처음 소개받을 때 제목을 보고 의아해한다. 무슨 뜻일까 물어보면 투명 인간인 아이의 이야기인 것 같다면서 온갖 상상을 시작한다. 우리나라 전래 동화 중 도깨비감투를 쓰고 투명 인간이 되어 갖가지 일을 벌이는 이야기부터 시작해, 마블의 어벤져스 캐릭터들을 떠올리기도 한다. 아이들의 상상력을 더 두었다가는 배가 산으로 가 버리는 격이 될 수 있어서 마무리하고 제안한다.

"과연 투명 인간 이야기일까요? 그럼, 이야기를 읽을 테니 들으면서 여러 가지 사실을 발견해 보세요. 발견한 사실을 간단히 공책에 메모해 놓으면 됩니다."

3학년 아이들이라 역시 예를 들어 주어야 한다.

"예를 들면, 이 책의 주인공은 브라이언이다……. 이런 식으로요."

한 가지 첨부해서 말한다.

"그리고 글뿐만 아니라 책의 그림도 유심히 봐야 합니다. 자, 시작합니다. 여러분은 투명 인간 브라이언이 보이나요? 선생님조차도……."

아이들은 무엇인가 발견하려고 눈을 빛내며 책을 보고, 내가 읽어 주는 내용을 듣기 시작한다. 투명 인간이라는데 다른 아이들과 달리 흑백으로 나온 주인공의 모습에 아이들은 무엇인가를 느끼기 시작한다. 브라이언이라는 따돌림받는 학생이 저스틴이라는 한국계 전학생을 만나고, 에밀리오라는 아이와 친구가 되면서 더 이상 왕따가 아니게 되는 행복한 이야기다. 중간에 의미심장한 말도 있다.

"브라이언은 생각합니다. 저스틴처럼 불고기를 먹는다고 놀림을 받는 게 더 나쁠까, 투명 인간이 되는 것이 더 나쁠까?"

이 부분을 읽어 주면서 아이들에게 질문한다.

"놀림 받는 것과 투명 인간처럼 소외되는 것 중 어떤 것이 더 나쁜 상황인가요?"

아이들에게 손을 들라 해 보니, 학급마다 반응이 다르다. 하지만 대부분 투명 인간처럼 취급받는 브라이언의 상황이 더 힘들 거라고 의견을 말하면서 안타까워한다. 물론 "야, 놀림 받는 것도 정말 괴로워. 때리고 싶어진다고!"하면서 반론을 펼치는 아이도 있다. 아이들을 진정시키고 이야기를 다 읽고 나면 다행이라는 표정을 짓는 공감의 힘이 발달한 아이들도 있다.

"자, 그럼 발견한 것을 한번 써 볼까요?"

아이들 각자 쓰게 해도 되지만, 시험도 아니니 짝과 의논해서 함께 작성해도 좋다고 안내할 수 있다. 단순히 사실을 쓰는 아이도 있지만, 전체적인 핵심을 쓰는 아이도 있다.

활동지의 내용처럼 내가 원하는 대로 브라이언이 친구들을

활동1. 이야기 발견

* 이야기 듣거나 보면서 발견한 점을 써 봅시다.

주인공은 브라이언 이다. 저스틴은 전학을 왔는데 저스틴은 한국인 이다.

브라이언은 마지막에 친구가생겼다. 브라이언에 몸, 옷색깔이 점점

들어오고 마지막에는 모든 색깔이 찐하게 다 들어온다.

활동1. 이야기 발견

이야기 듣거나 보면서 발견한 점을 써 봅시다.

보이지 않는 아이는 눈이 보이지 않는것이 아니라,

다른 친구들에게 소외됬하는것 이고 친구에게

잘 다가가지 못한다. 왜 냐하면, 소심해서.

이야기의 숨은 뜻 발견하기

사귀면서 점점 색깔이 입혀지게 그려지는 장면을 찾아서 쓴 아이도 있고, '투명 인간'의 의미를 생각하며 그 원인을 생각해 보는 아이도 있다. 3학년이지만 생각하는 내용이나 수준은 다양하다.

몇 가지 퀴즈를 내 본다.

"브라이언이 쉬는 시간에 혼자 앉아서 그림을 그렸지요? 그때 그렸던 그림 주제 네 가지는?"

"브라이언의 옷에 처음 색이 입혀졌던 장면은?"

이런 질문을 통해 브라이언이 말이 없는 편이라 조금 소심한 친구지만 상상력이 기발하고 그림을 잘 그리는 착한 친구라는 것을 이해시키고 싶었고, 따라서 브라이언이 따돌림받을 이유가 없는 아이라는 점을 부각하고 싶었다. 아울러 말을 걸고 친구의 장점을 찾아 격려하는 것이 마음에 봄바람이 불 듯 얼마나 격려와 행복이 되는지, 사소하지만 따돌림을 받는 친구들에게 다가가고 돕는 방법까지 알려 주고 싶었다.

교사의 질문은 답을 이미 아는 상황에서 아이들의 생각을 끌어내고 교사가 의도하는 방향으로 이끌기 위한 '발문'이다. 아이들에게 일방적으로 제시하는 것이 아니라, 질문을 통해 아이들이 생각하고 나아가 교사가 원하는 바대로 생각을 펼쳐 나갈 길을 제시하는 과정이다. 다행히도 아이들은 잘 따라와 주었다.

정리하기 _ 우리 반에 보이지 않는 아이가 있다면?

최근 배움 중심 수업의 핵심 중 하나는 아이들의 삶과 연결하는 수업이다. 아이들이 수업에 잘 참여하지 못하는 여러 가지 원인 중 하나는, 필요를 못 느끼거나 너무나 동떨어진 이야기 때문일 때가 많다. 특히 도덕교육이나 인성교육이 일방적인 훈계나 나와 상관없는 훌륭한 사람들의 이야기를 제시하는 재미없는 수업이 되지 않도록 하려면, 아이들의 삶과 적극적으로 연결하는 교사의 노력이 필요하다. 그 대안을 '내러티브narrative 교육'이라고 설명할 수 있겠다. 몇 년 전에 교육부가 지정한 인성교육 동아리 회장을 맡으면서 보고서에 기술한 '내러티브 인성교육'에 대한 나만의 정의를 제시해 본다.

인성교육이라면 아이들의 마음을 움직이고 아이들의 마음에 스며들며 실천으로 이어지도록 해야 한다. 머나먼 이야기, 엄친아들의 이야기, 훈계가 아니라 내 삶, 내 곁에 숨 쉬는 살아 있는 이야기로 아이들에게 다가가고 아이들에 의해 재구성되어야 한다. 이런 고민에서 찾은 것이 '내러티브narrative 인성교육'이다.

내러티브 인성교육은 최근 주목하는 긍정심리학의 영향을 받아 위험 요인을 찾아 문제 해결에 치중하기보다는 인간의 선한 부분을 끌어내기 위한, 이른바 보호 요인에 초점을 두고 있다. 인성의 실천을 위해 학습자에게 체화되고 삶에서 발현되도록 교육하는 것, 쉽게 말해 아이들의 생활과 연결하기 위한 노력, 이것이 내러티브 인성교육의 정의이자 목적이다.

보고서 내용이라 좀 딱딱하지만 핵심을 담고 있다. 이 차시 뿐만 아니라 나의 인성교육의 모토는 아이들 삶과의 연결이기에 내러티브 인성교육은 나에게 의미가 깊다. 《보이지 않는 아이》를 읽고 활동하면서 적용하기 가장 쉬운 활동으로 우리 반에 보이지 않는 아이처럼 색깔을 잃고 소외된 친구가 있다면 어떻게 도울 것인지 생각해 보라고 하였다. 동화 속 이야기가 아니라 실제 내 주위에서 일어나고 있거나 일어날 가능성이 있는 이야기로 받아들이길 바랐다. 아이들은 각자 따돌림당하는 친구를 도울 방법을 썼다.

소외된 친구들을 돕는 방법 의논하기

활동2. 우리반에 '보이지 않는 아이가 있다면'

* 우리반에 '보이지 않는 아이'가 있다면 도울 수 있는 구체적인 방법을 생각해 봅시다.

1. 나의 의견: 말을 걸어 눈에 띄게 도와준다.

2. (　　　)의 의견: 잘 놀아 줄것 같다

3. (　　　)의 의견: 먼저 말을 건다

4. (　　　)의 의견: 먼저 인사한다

활동2. 우리반에 '보이지 않는 아이가 있다면'

* 우리반에 '보이지 않는 아이'가 있다면 도울 수 있는 구체적인 방법을 생각해 봅시다.

1. 나의 의견: 먼저 말을 걸어준다, 그리고 놀이도 껴주고 같이논다,

2. (　　　)의 의견: 같이 친구가 될것이다

3. (　　　)의 의견: 팀놀를 할때 먼저 불러준다

4. (　　　)의 의견: 친구에 외톱을 들어준다,

아이들의 생활과 연결한 활동지

"각자 방법을 쓴 사람은 모둠원 친구들의 의견을 하나하나 듣고 간단히 기록하세요. 그리고 가장 좋은 방법이라고 생각하는 것을 친구들과 의논해서 한 가지 선택하고 전체 친구들에게 발표 준비를 합니다."

아이들은 각자 다양하게 방법을 생각한다. 따돌림당하는 친구들을 왜 배려해야 하는지는 1, 2학년 때 '안진' 과목이나 인성 교육 프로그램 등을 통해 충분히 배웠다. 아이들은 본능적으로 우리는 서로 연결되어 있으며 서로 존중받아야 한다는 것을 알고 있다. 교육은 이유에서 나아가 그것을 어떻게 실천할 것인지 구체화하고 실천하는 동력을 일으켜 주는 것이 중요하다. 아이들은 '말을 건다, 인사를 먼저 한다, 다가가서 친구가 되어 준다, 내 친구 집단에 끼워 준다, 친구의 장점을 찾아 칭찬한다, 친구의 장점을 아이들에게 알린다, 다른 친구들 앞에서 재미있게 놀아서 친구에게 관심을 갖도록 한다' 등 다양한 의견을 제시한다.

학교폭력 예방 및 대처 이론과 관련된 책에서, 방관자를 완화자나 문제 해결자로 만들라는 것을 배운다. 이런 어려운 말을 쓰지 않아도 아이들은 어떻게 해야 그 친구를 소외의 그늘에서 벗어나게 할 수 있는지 직감적으로 아는 것이다. 고학년이나 어른처럼 생각하며 방법을 찾는데, 우리 어른과 다른 것은 그것을 곧바로 실천하는 유연성에 있다. 이리 재고 저리 재는 어른과 달리 3학년은 그래도 옳은 것을 배우면 바로 실천하는 순수한 인간성을 갖고 있다.

활동 후 소감	활동 후 소감
브라이언처럼 투명인간	무궁화 꽃이 피었
된 친구가 우리반에	습니다를 못 했지만 친구
있으면 먼저 말을 걸고,	의 표정을 보았는데 많이
친구와 친해지도록 도와준	속상했을 것 같고
다. 친구의 겁을 존중하고	많이 슬펐을 것 같다.
배려한다. 또 친구에게	그리고 책에서 브라이언
상냥하게 해준다. 그러면	이라는 친구가 왕따를

메모1	메모1
분명히 친구(투명인간)	당해서 많이 속상했을
와 친구가 될 수	것 같고 우리반에 그런
있을 거라고 믿는다.	친구가 있다면 먼저 말을
그 친구와 떨어지지	걸고 친구가 되어주고
않게 노력해야 겠다.	집에 초대해서 많이
✳ 먼저 말을 걸면	놀고 친하게 지내고 싶다.
회색비 변명 아름다운	그리고 많이 위로 해
색으로 변할 것이다.	주고 싶다.

활동 후 소감

활동 후 소감	스스로 평가해 봐요
브라이언 에게 브라이언아 안녕? 난 너의 친구가 되고 싶은 유나야. 왜냐하면 너는 성격이 좋고, 배려해준 너의 친구가 되고 싶어. 우리 다음에 만나서 꼭 친구하자.	질문) 친구들과 사이좋게 의견을 나누며 열심히 참여했나요? (스스로 평가하여 ○표 하세요) - 매우 그렇다.........( ) - 그렇다...............( ) - 보통이다............( ) - 아니다...............( ) - 모르겠다............( )
메모1	메모2
또 우리 네가 그림을 잘 그린 다고 했잖아. 그때 너와 만나면 너 실력을 보여 줘. 나에게 알려줘. 너의 책을 잃었는데 내가 우리반에 1명이 있었 던 것 같아. 그래서 저스틴 처럼 먼저 다가가서 위로	해줘야겠어. 너의 책을 잃고 빌려를 해야겠어. 정말 고마워. 그리고 너의 상상력과 나의 상상력를 더해서 그림을 그리고 싶은데 그렇게 해도 될까? 우리 다음에 만나자 안녕?

활동 후 소감

위로하는 말을 배워요

동시를 읽으며 시작해요

위로의 말을 하려면 먼저 공감해야 한다. 공감은 내가 겪어 보았거나 겪을 만한 사건일 때 더 잘된다. 친구와의 관계 개선을 위해, 또 같은 시대를 사는 3학년 친구들이라는 유대감 형성을 위해 이 수업을 기획했다.

《너 왜 울어?》바실리스 알렉사키스 지음, 장 마리 앙트낭 그림, 전성희 옮김, 북하우스, 2009라는 책은 좀 강렬하다 엄마의 신경질적인 잔소리에 주눅이 든 한 아이의 이야기를, 아이의 시각에서 일방적인 엄마의 잔소리로만 구성한 글이다. 삽화도 단순하지만, 무채색의 배경과 그림이 참 마음 아프게 그려져 있다.

이 책을 읽기 전에 '데우기' 작업을 한다. 데우기 작업을 동기유발이라고 이야기하기도 하는데, 이 과정을 잘해야 수업 분위기를 만들 수 있다. 물론 바로 이 작품을 읽어 줄 수도 있지만, 오늘 우리가 배울 것은 무엇이고, 어떤 활동을 하는지 아이들이 직감적으로 가늠하게 하기 위해 아이들의 속상함과 관련된 짧은 시 몇 편을 읽어 준다. 아이들이 자신의 처지와 비슷하기에 공감할 수밖에 없기도 하고, 이런 것도 시로 짓는다고 하며 함께 속상해할 만한 시를 뽑는다. 또래 아이가 쓴 시도 좋지만, 현직 교사가 아이들과 생활하며 쓴 시들도 아이들 마음에 잘 스며든다. 아름답고 솔직한 동시집이 많지만, 내가 최근 활용하는 동시집이 몇 권 있다. 학급의 특성이나 아이들의 상황, 심지어 내 감정에 따라 선택하는 시가 달라지기도 하지만, 아이들에게 시 두세 편을 선택해서 읽어 준다.

하지만 그냥 읽어 주면 재미가 없다. 내가 잘 쓰는 방법은 '제목 말하기'다. 시를 읽어 주고 제목을 알아맞히도록 한다. 아이들을 순간적으로 집중하게 할 수 있는 가장 좋은 방법은 퀴즈고, 약간 긴 시도 제목을 맞히는 퀴즈 형식으로 하면 아이들은 매우 집중해서 듣는다.

"'내가 말했지? 한 문제도 안 틀리는 것이 실력이라고…….' 엄마의 본격적인 잔소리로 시작되는 이 시의 제목은?"

"'……마귀할멈아 우리 집에 와서 빗자루 몽땅 타고 가 버려라…….' 이 시의 제목은?"

위 시의 제목은 독자들이 찾아보면 좋겠다.

아이들이 공감할 수 있는 다양한 시를 읽어 주면 수업 분위기가 어느 정도 조성된다. 놀라운 것은 아이들이 시를 듣고 또 읽어 달라고 조를 때가 많다는 것이다. 과감하게 시만 읽는 것으로 수업을 진행할 수도 있다. 유독 시에 잘 공감하고, 서로의 속상함을 공유하는 분위기가 잘 형성된다면, 바로 활동으로 넘어갈 수도 있다. 하지만 아이들이 아직 자신의 속상함을 끌어내기 어려워하면 바로《너 왜 울어?》를 읽어 준다.

수업 활동 _《너 왜 울어?》를 함께 읽으며
주인공에게 공감하기

"선생님이 지금부터《너 왜 울어?》작품을 읽어 줄 겁니다. 그런데 표지를 보니까 어때요?"

"와, 저기 손가락 봐. 손가락이 엄청나게 크고 손톱도 빨갛고 뾰족해. 찌르는 건가? 불쌍하다."

"아니 손도 무섭지만, 손 아래 그림자가 더 무서워. 아이를 어떻게 하는 것 같아."

표지만 보고도 아이들은 주인공의 상황을 직감적으로 이해한다. 무시무시한 여자의 손가락이 아이가 받는 상처를 뜻한다는 것을 아는 것이다. 상대는 별거 아니다 싶게 이런 잔소리, 저런 훈계와 경고, 협박을 하지만 그런 것들이 큰 그림자가 되어 아이의 마음에 스며들어 고통과 슬픔을 주고, 우울감을 일으킬 수 있음을 아이들은 용케 아는 것이다. 다만 책을 읽고 나서 그 사람이 엄마라는 것에 아이들이 충격을 받기도 한다. 책을 읽는 중에 "우리 엄마도 저러는데……." 하고 한숨을 쉬며 고개를 떨 군 아이도 있다.

"그런데 얘들아, 선생님이 지금부터 빠른 속도로 읽어 줄 텐데…… 좀 미안하네. 일방적인 잔소리가 계속될 거야. 들으면서 좀 참아야 할 것 같은데, 할 수 있지? 어떤 느낌이 드는지 이야 기해 주고."

아이들에게 미리 고통이 있을 것이라고 선언한 후 읽어 준 다. 아이들은 계속되는 엄마의 잔소리에 숨을 죽이며 듣는다. 주 변 사람들의 시선에는 엄청 신경을 쓰면서 아이에게는 짜증과 억압, 일방적인 명령, 강요를 일삼는 깔끔한 체하는 엄마의 이중 적인 모습에 아이들은 서서히 분노를 느끼는 것 같다.

'……뭐? 왜 울어? 네가 해 달라는 거 다 해 줬잖아? …… 아이가 정말 돌게 만드네…….'로 끝나는 엄마의 잔소리에 굳이 느낌을 묻지 않아도 아이들은 분노를 쏟아놓는다.

"저거 아동학대 아니야? 경찰에 신고해야 해."

"와, 짜증 난다. 가출하고 싶을 것 같아."

"선생님, 귀에서 피날 것 같았어요."

"우리 엄마랑 좀 비슷한 점도 있지만, 그래도 저렇게 심하지 않아. 우리 엄마에게 감사해야겠다."

사실 읽으면서 살짝 뜨끔하기는 했다. 몇몇 장면에서는 나 또한 아이를 키울 때 그랬던 것 같기 때문이다. 아동 학대자의 상당수가 부모고, 그중에서도 엄마가 정서 학대자의 80% 남짓

된다는 통계가 맞는 것 같다. 가족은 서로를 너무 잘 알기에 함부로 대하기 쉽고, 그러다 보니 남보다도 더 심하게 상처를 주는 존재인 것 같다.

"그러게, 엄마가 너무 했다. 자, 그럼, 이 아이는 어떤 감정일까요?"

속상함, 억울함, 화, 짜증, 분노, 슬픔, 노여움, 섭섭함, 미움, 불안 등등 아이들은 부정적인 감정 낱말들을 잘 쏟아낸다.

"그래요? 그럼, 여러분도 이런 감정들을 느꼈던 사건이 혹시 있을까요?"

이 상황에서 쉽게 생각하는 아이도 있고, 다양한 이유로 생각을 떠올리지 못하는 아이도 있다.

"예를 들면, 동생이 먼저 시비를 걸었는데 엄마가 나만 혼냈다거나, 친한 친구라고 생각했는데 나를 속이고 다른 아이들과 친구가 놀고 있었다거나……."

예를 들어 줄 때마다 "맞아, 맞아! 나도 그런 적 있었어." 하면서 맞장구치느라 바쁘다. 그만큼 아이들의 삶에서 일어날 만한 사건들을 잘 제시하면 아이들이 자기 경험을 쉽게 떠올린다. 하지만 너무 많이 제시하는 것보다는 아이들이 스스로 떠올리도록 여유를 주는 것이 바람직하다. 부모님께 속상했던 일에만 몰두할 수 있기 때문에 의도적으로 친구와의 갈등, 형제자매와의 갈등, 선생님과의 갈등 등 다양하게 예를 하나씩만 들려주어도 자신의 이야기를 떠올리는 데 도움이 된다. 이때 막연히 쓰라고 하면 아이들은 어려워한다. 따라서 속상했던 일, 속상했던 이

활동. 내가 울고 싶은 때

내가 울고 싶을 만큼 속상했던 때는? 간단하게 써 봅시다.

속상했던 일: 수학 문제를 푸는데 엄마가 문제를 그렇게

푸는 것이 아니라고 소리친다. 왜그럴까? 무서워

왜 속상했나? 그렇게 풀어도 답이 나오는데

무섭게 행동해서

그때의 느낌은? 엄마가 너무 밉고 엄마가 아닌 것 같다

활동. 내가 울고 싶은 때

내가 울고 싶을 만큼 속상했던 때는? 간단하게 써 봅시다.

속상했던 일: 작은 오빠가 나를 괴롭히고 놀린다.

왜 속상했나? 나는 잘못을 안 했는데 오빠가 괴롭히고 놀린다

그때의 느낌은? 오빠가 없으면 좋겠다.

속상했던 마음 드러내기

유, 그때의 감정을 쓰도록 안내 문구를 제시해 놓았다.

수업 활동 _ 서로의 마음을 위로하기

아이들이 어느 정도 작성하면 모둠 친구들과 돌려 보면서 읽고 있는 사연에 공감과 위로의 말을 써 주라고 안내한다.

"이제부터 친구들의 사연을 네 명의 모둠원이 돌려가며 보는데요, 원칙은 '비밀 보장'입니다. 읽은 내용을 다른 모둠 친구에게 가서 말하지 않도록 합니다. 서로에 대한 예의입니다."

"그리고, 친구들에게 위로의 말을 할 때, 가장 듣기 싫은 말이 뭘까요?"

"이래라저래라 하는 거요."

"맞아요, 섣불리 충고하거나 네가 잘못된 것 같다고 비판하면 안 돼요. 그리고 옳고 그름으로 판단하는 것도 안 됩니다. 그냥 그 친구 입장에서 속상한 마음을 읽어 주고 위로하면 돼요."

3학년이지만 아이들은 대부분 진지한 분위기에서 친구들의 사연을 읽고 최선을 다해 위로의 말을 써 주려고 노력한다. 가끔 어떻게 쓸지 몰라 난감해하는 학생이 있으면 다가가서 느낌을 물어보고 대답한 것을 쓰도록 안내하면 된다.

내가 속상한 것을 용기 내어 드러냈을 때 친구들이 내 편이 되어 위로하는 순간 아이들은 많은 것을 얻는다. 마음도 시원해지지만, 심리적인 여유가 생기면서 자기가 직면한 상황을 다른

친구 사연에 위로 쪽지 쓰기

시각에서 바라보는 용기가 생기기도 한다.

"어머, 어쩜 아빠가 그러셨을까? 아빠가 너무 했다."

"응, 고마워. 그런데 생각해 보면 나도 좀 잘못한 것 같아."

이렇게 누군가가 나를 지지해 주는 순간, 마음이 녹으면서 다른 면을 보는 숨구멍이 생기는 것은 누구나 아는 바다.

친구들과 많은 말을 하고 수다를 떨지만 정작 내 고민을 털어놓는 것이 점점 어려워지는 시대다. 수업 시간에 아이들이 친구를 통해서 위로받고, 또 자신이 친구를 위로하면서 서로 의지하는 숲의 나무들, 시인 김수영의 〈풀〉에 나오는 풀잎들과 같음을 느낀다. 나무와 풀들이 시들지 않도록 서로에게 위로의 단비를 내려 주는 시간이 필요하다. 어른들로부터 듣는 칭찬과 격려도 중요하지만, 친구들로부터 듣는 위로와 격려의 말은 3학년 또래 관계에 더 큰 힘이 될 것이다. 이 과정에서 아이들의 마음에

활동. 내가 울고 싶은 때

내가 울고 싶을 만큼 속상했던 때는? 간단하게 써 봅시다.

속상했던 일: 동생이 나에게 먼저 시비를 걸었는데 엄마가

동생이 어리다고 바주라고 해서 속상했다.

왜 속상했나? 엄마가 동생편만 들어주셔서 속상했다.

그때의 느낌은? 억울하다, 속상했다.

위의 사연을 보고 위로의 말을 써 주세요. 우리는 서로의 친구랍니다.

위로의 말을 정성껏 써주고, 비밀은 지켜주는 멋진 친구가 됩시다.

1 (█████) 억울하겠다 너는 아무죄도없는데 슬프겠다.

2 (█████) 속상했겠다 나도그런적이 있어서 네마음이 해할꺼같아

☆(█████) 어머니께서 너무 심하셨다... 나도 █████가 나한테

그랬을때 나도 봐주라고 하셨어. 힘내!!

친구 위로하기

활동. 내가 울고 싶은 때

내가 울고 싶을 만큼 속상했던 때는? 간단하게 써 봅시다.

속상했던 일: 수학 문제를 푸는데 엄마가 문제를 그렇게

푸는 것이 아니라고 소리친다. 왜그럴까? 무서워

왜 속상했나? 그렇게 풀어도 답이 나오는데

무섭게 행동해서

그때의 느낌은? 엉아가 너무 밉고 엄마가 아닌 것

위의 사연을 보고 위로의 말을 써 주세요. 우리는 서로의 친구랍니다.
위로의 말을 정성껏 써주고, 비밀은 지켜주는 멋진 친구가 됩시다.

1. (위로 친구: ▓▓▓▓) 나도 아빠한테 그렇게

혼난적이 있어 너도 다음에는 더 잘풀어봐

2. (위로 친구: ▓▓▓▓) 나도 수학 문제가 잘 안 풀러서 혼난

적이 있어. 그면 정말!!! 힘들지. 다음엔 화이팅

3. (위로 친구: ▓▓▓▓) 나도 엄마가 문제를 푹 띡 계속 화냈어.

(▓▓) 괜찮아, 그런것은 엄마에게 너의 방법을

말 하면되

친구 위로하기

는 공감과 이해의 소중한 꽃이 피어나리라 믿는다. 이 활동 후 반드시 정리 시간을 갖는다. 오늘 활동에 관해서 아이들이 생각을 정리하도록 하면서 삶의 지혜를 배우기 바란다.

정리하기 _ 부모님께 듣고 싶은 말을 쓰며
마음의 울적함 걷어내기

몇 년간 이 차시를 진행한 후 교실을 나서면 왠지 모르게 마음 한편이 찜찜했다. 아이들 마음에 있는 속상함, 때로는 상처를 끌어내고 서로 공감하는 것으로 마무리했는데, 《너 왜 울어?》라는 동화가 너무 강력해서 그 절망감과 우울감이 계속 남아 있지 않을까 염려되었기 때문이다. 이야기를 듣는 중에 아이들은 귀를 막거나 가슴을 치는 것뿐만 아니라, 눈이 빨개져서 나를 보는 아이도 있었다. 감수성이 예민한 아이들은 친구들의 위로를 받는 활동을 하더라도 슬픔을 제대로 쏟아내지 못하고 이 시간을 보내겠다 싶은 생각에 걱정도 되었다. 어떻게 해야 하나 계속 고민이 되었다. 그러다가 불현듯 아이디어가 떠올랐다.

'그래! 아이들이 힘든 잔소리를 들었으니, 이 잔소리를 청소하려면 반대로 하면 되겠다.'

그래서 생각해 낸 것이, '부모님께 듣고 싶은 말'을 부모님이 되어 쓰도록 안내하는 것이었다. '힐링 포엠Healing Poem'도 있고 '내러티브 테라피Narrative Therapy, 이야기 치료'도 있지 않은가?

'힐링 포엠'은 시를 활용하여 우리의 상처받은 마음을 치유하는 것이다. 좋은 시를 소리 내어 읽으면서 위로받을 수도 있고, 시를 쓰면서 스스로 위로받을 수도 있다. '내러티브 테라피'도 힐링 포엠과 마찬가지로 자신을 더 잘 이해하고 나를 위로하고 성장하기 위한 이야기 작업이다. 내 이야기를 밖으로 표현하는데 사실을 담담하게 이야기할 수도 있고, 또는 내가 바라는 방향으로 재구성할 수도 있다. '엄마가 나를 미워해'라는 말을 꺼내고, 사건을 구체화하는 과정에서 부정적인 사건이 꼬리에 꼬리를 물면서 더 슬퍼질 수도 있다. 하지만 계속 끌어내서 누군가와 함께 이야기하는 것만으로도 위로가 된다. 좀 더 진행할 수 있다면, 상담자에 의해 '나를 미워하는 것 같은 엄마의 행동' 너머 다른 의미를 찾을 수 있고, 나약한 한 인간으로서의 엄마 입장을 이해하면서 내 마음속에서 나를 괴롭히던 엄마의 그늘을 걷어내고 씻어낼 수 있다. 나아가 정서적으로 나를 잘 보살피지 못한 엄마가 나를 어떻게 대해 주기 바라는지 이야기를 재구성하면서 카타르시스와 위안을 받을 수도 있다.

이런 고도의 작업은 아니더라도, 아이들의 얼굴에 가려진 이야기와 마음을 꺼내는 기회를 주는 것 자체가 성장의 시작이라는 생각이 든다. 그래서 아이들 마음속에 있었던 억울함을 드러내도록 했고, 그것을 많은 또래와 함께 지켜보고 위로받도록 했다. 더 나아가 아이들의 마음에 덜 아문 상처가 있을 경우에는 거기에 치료제를 발라 주는 의미에서 '부모님께 듣고 싶은 말'을 쓰는 작업을 했다. 말은 참 묘한 힘이 있다. 안 좋은 말을 쓰

면 계속 마음이 울적해지고, 좋은 말을 많이 쓰면 이유 없이 힘
이 난다. 유명한 가수 중에는 자기가 자주 쓰는 가사 대로 삶을
사는 사람이 있다는 말도 종종 듣는다. 힘들고 지칠 때, 아이가
"엄마, 사랑해요. 하늘만큼 땅만큼." 하고 말해 주면 비타민제를
먹은 것처럼 힘이 난다. 이런 마음의 비타민을 아이들이 스스로
먹도록 했으면 했다.

"여러분, 친구들이 위로해 주어서 어느 정도 마음이 많이 좋
아졌지요?"

아이들은 미소를 지으면서 친구들이 써 준 글을 계속 들여
다보고, 유독 좋은 위로 글을 써 준 친구들에게는 굳이 톡톡 치
며 한번 씨익 웃으면서 고마움을 표시하기도 한다.

"그런데, 혹시나 여전히 마음이 불편한 친구들이 있을 것 같
아서 좀 걱정이 돼요. 그래서 말인데, '부모님께 듣고 싶은 말'을
써 볼까요?"

역시나 감을 못 잡고 바라보는 아이들에게 시범을 보인다.
앞자리에서 적극적으로 호응하며 열심히 참여하는 아이를 바라
보다가 이윽고 칠판에 부모님처럼 써 내려간다.

'우리 근수는 무엇이든 열심히 하고 호기심이 많은 멋진 아들이야.
그리고 눈도 초롱초롱 빛나고 또 얼마나 듬직한지. 엄마는 근수를 볼
때마다 이 세상을 다 가진 기분이야. 근수가 엄마 아들이라서 엄마
는 너무나 행복하다.'

아이는 부끄러워하지만 좋은 칭찬에 몸 둘 바를 몰라 하면서도 '초롱초롱한 눈'이라는 말에 눈을 깜빡깜빡하며 장난을 친다. 주변 아이들은 칭찬받는 친구가 부러운 듯 바라보거나 다소 샘이 나는지 "근수 눈이 초롱초롱하다고요?" 하면서 어깃장을 놓을 기세다. 그러면서 자기한테 칭찬을 써 달라고 과감하게 주문하는 아이도 있다.

"선생님이 시간이 많으면 다 써 주겠지만, 그러지 못해요. 여러분의 부모님이 나에게 이런 말을 해 주었으면 좋겠다 바라는

부모님께 듣고 싶은 말 쓰기

것을 써도 좋아요. 엄마가 나에게 이런 말을 해 주었으면 좋겠다……."

"선생님, 엄마가 '학원 그만 가라'라고 했으면 좋겠어요."

뭘 쓸까 난감해하던 아이들이 한 아이의 진심을 듣더니 "맞아, 맞아." 동조하면서 열심히 받아 적듯이 쓴다. 3학년밖에 안 된 아이들이 학원에 부담을 갖고 있는 대한민국의 현 상황이 참 안타깝다.

"그렇구나, 벌써 학원 때문에 힘이 든다니. 그런 바람을 써도 되고요. 그런데 될 수 있으면 여러분을 칭찬하는 말씀, 그러니까 듣고 싶은 칭찬을 쓰면 더 좋겠어요."

《너 왜 울어?》 속 어머니의 잔소리로 인해 아이들 마음에 드리워진 암울한 기분을 걷어내고 싶은 마음에 갑자기 제안한 나의 마음이 아이들에게 잘 전달이 되었기를 바라며 부모님께 듣고 싶은 말을 열심히 쓰도록 한다.

이러한 위로 작업을 통해서 아이들을 바라볼 때면, 다른 연령대의 사람보다 회복이 빠름을 느낀다. 하지만 예민하고 상처도 쉽게 입는다. 그래서 대할 때는 조심스럽게 대하고, 상처를 입은 것이 느껴지면 최선을 다해 읽어 주고 이해하며 함께 풀어야 한다.

'회복 탄력성'은 예전 '자존감 향상'의 새로운 버전이다. 다양한 시련과 실패에 대한 경험을 자신의 발전과 성장의 발판으로 삼는 마음의 근력이다. 고무줄을 늘이면 다시 돌아오는 탄성처럼 불행이나 실패의 순간에 멈춰 있는 것이 아니라 건강한 자신을 다시 회복하는 힘이다. 사람 중에는 던져지면 유리공처럼 깨지는 사람이 있고, 고무공처럼 다시 튀어 오르는 사람이 있다. 김주환 저자의 《회복탄력성》위즈덤하우스, 2019을 읽어 보면 이런 내면의 힘이 위대한 업적을 이루기도 한다는 것을 알게 된다. 못생긴 외모 때문에 여성들로부터 퇴짜 맞기 일쑤던 안데르센의 회복 탄력성이 그의 열등감을 아름다운 동화를 짓는 에너지가 되었고, 오프라 윈프리, 버락 오바마 등 힘든 삶을 살았던 사람들의 성공 뒤에는 이러한 회복 탄력성이 존재했다.

회복 탄력성의 연구는 카우아이섬에서 불행한 삶을 살던 원주민들을 대상으로 한 30년간의 종단연구 끝에 에미워너 교수가 밝혀낸 결과다. 알코올 의존증에 미혼모, 마약 중독, 한부모 가정, 학대 등 다양한 약점을 지닌 부모 밑에서 자랐음에도 불구하고 대를 잇는 불행의 사슬을 끊고 그 누구보다 행복한 삶을 사는 연구 대상 3분의 1의 사람들에게서 발견한 회복 탄력성은 사랑과 교육의 힘이 얼마나 중요한지 일깨워 준다.

'너는 그 누구보다 소중한 존재다. 너는 특별하다'라는 이 메시지를 사랑으로 일관되게 전하는 누군가가 한 명이라도 있다면 아이는 스스로 운명을 개척하고 행복한 삶을 가꾸는 인격체로 성장할 수 있는 것이다. 그 한 명이 할머니, 할아버지가 될 수도 있고 교사가 될 수도 있다.

아이들은 아직 어리고 순수하기에 좌절의 순간 더 빨리 반응하고 더 많이 우는 것 같다. 김수영의 시에 나타난 "바람보다 더 빨리 눕고, 더 빨리 우는" 여린 풀잎들이다. 하지만 좌절의 경험이 어른보다 적고 희망은 더 많기에, 상처를 입는 순간 더 빨리 일어난다. 시란 각자의 상황에서 해석하기 나름이라고 생각한다. 이 시가 전문가에 의해서 어떤 의미로 해석되는지는 국어 시간에 배우기는 했지만, 아이들을 가르치고 있는 나로서는 이 시가 우리의, 아이들의 회복 탄력성을 말하는 시가 아닌가 싶다. 약하고 어리기에 바람보다 더 빨리 눕고, 더 빨리 울지만 '더 빨리 일어나고, 더 먼저 웃는' 아이들의 모습이 떠오른다. 아이들은 푸른 풀잎이다.

활동 후 소감	스스로 평가해 봐요
친구들과 속상했던 기억을 나누니 홀갑뿐하고 마음이 상쾌했다. 또 ▇▇이가 내마음을 알아줘서 고마웠다. 그리고 내가 속상했을 때도 친구들 이야기를 들으면 더 나을 것 같다. 그리고	질문) 오늘 활동에 솔직하게 친구를 존중하며 참여했나요? (스스로 평가하여 ○표 하세요) - 매우 그렇다.........(○) - 그렇다...............( ) - 보통이다............( ) - 아니다...............( ) - 모르겠다...........( )
메모1	메모2
우리반 전체가 속상했던 기억이 있었다니 나도 ★ 그것을 알았다. 또 난 너무나 놀라웠다. 그렇지만 우리반 친구들이 속상했던 기억이 있었다고 하니 나도 똑같은 생각이라고	생각한다. 또 너왜웃어? 라는 엄마가 인성교육을 받아야겠다. 왜냐하면 아이를 칭찬해주서도 고맙단 말 한아디도 하지않았다. 또 웃은적이 한번도 없기 때문이다.

활동 후 소감

활동 후 소감	스스로 평가해 봐요
나는 「너 와 울어」라는 책을 읽었는데 우리 엄마와 아빠 계시는 안 그려서 진짜 다행이었다. 그리고 상담놀이 할때 우리 모둠 ▨이와 ▨와 ▨이가 나에게 위로를 해주었	질문) 오늘 활동에 솔직하게 친구를 존중하며 참여했나요? (스스로 평가하여 ○표 하세요) – 매우 그렇다.........(○) – 그렇다................( ) – 보통이다.............( ) – 아니다................( ) – 모르겠다.............( )
메모1	메모2
는데 너무 3다 잘 해고 고마웠다. 그리고 나는 ▨이가 나에게 위로의 마음을 잘 써준 거 같았다. 그리고 이 책에서 아이가 너무 속상 했고 힘들었은것 같았다. 다음에 또 상담놀이를 하고 싶고 친구들의 위로 의 마음이 가장 가까에	남았고 좋았다.

활동 후 소감

감정을 다스려요

어휘력이 점점 약해지는 아이들

최근 몇 년간 초등학교 전 학년 아이들을 모두 가르치면서 아이들의 어휘력이 약해지고 있음을 체감한다. 심지어 1학년 학생 중 글을 못 읽는 아이도 있다. 여기에는 여러 가지 이유가 있다. 공교육 기관인 학교에서 1학년 아이가 한글을 뗄 수 있게 지도하는 하는 것이 당연한 것 아니냐며 용기 있게 학교 들어가서 한글을 떼도록 하는 학부모의 신념이 작용했을 가능성이 첫 번째다. 일곱 살인 누리교육과정에서도 한글을 교육하지 못 하게 되어 있다는 말을 들었다. 따라서 국민의 교육을 책임지는 학교에서 한글을 읽고 쓰도록 교육하는 책무는 타당하다. 그래서 한글교육 시간이 많이 늘어났다. 따라서 1학년 1학기에 아이들에게 알림장을 쓰거나 일기를 쓰도록 해서는 안 되며 받아쓰기도 2학기부터나 시작한다. 하지만 교육받았음에도 글을 읽지 못하는 아이들은 잘 살펴보아야 한다. 경계선 지능을 가지고 있어서 발달이 좀 더디거나 신경학적인 원인에 의한 것일 수 있다. 글자를 시지각 처리하는 과정에서 어떤 이유로 잘되지 않는 상황에 있는 것이다.

4년 전에 1학년 교실에 들어갔다가 한 아이가 책을 거꾸로 하고 읽는 척하는 것을 보면서, 난독증을 떠올렸다. 난독증은 학습장애의 일종인데, 신경학적으로 언어처리 과정에 장애가 있어 읽기에 곤란을 겪는, 평균 수준 이상의 지능을 가진 아이다. 음소 교육 등의 전문적 훈련을 통해 난독을 극복할 수는 있지만, 일반 학교에서 전문적으로 훈련하기는 어렵다. 하지만 안 읽는 것이 아니라 못 읽는 아이들이기에 학교는 이 학생들을 교사와 학부모가 이해하도록 전문 진단을 받게 할 필요가 있다고 생각했다. 다양한 과정을 거쳐서 임상심리사와 언어치료사를 초빙하여 웩슬러 지능검사와 KORLA한국어 읽기 검사를 통해 글을 유난히 못 읽는 아이들의 난독증을 검사하고 학부모 상담을 통해 진단 결과를 알리고 읽기 훈련을 위한 전문 기관을 연결하기도 했다. 하지만 그 당시 내가 선별하고 담임 선생님한테 추천받은 아이 여섯 명 중에서 검사 결과 세 명만 난독증이었다. 나머지 세 명은 경계선 지능을 보였는데 이 학생들은 결국 다양한 읽기 교육을 통해 극복해야 하는 이른바 느린 학습자였다. 이러한 읽기 장애가 있는 학생들을 교육하기 위한 지원 조례가 만들어졌고, 요즘은 전문 기관과 연결하여 훈련받고 좋아진 아이가 많이 생겼다.

안타까운 것은 새로 전근 간 학교에서 담임 선생님이 이런 학생이 있어서 전문 진단을 받고 도움을 주려고 학부모님과 의논을 했는데, 학부모가 대뜸 본인이 알아서 할 테니 내버려 두라고 말했다는 것이다. 주변 친구들이 알까 봐 신경을 많이 쓰면서 아이 자존감이 낮아지는 것을 걱정하는 듯했다. 담임 선생님과 나는 그 학부모를 이해하면서도, 진정한 자존감이 무엇인지 왜 이해를 못 할까 안타까웠다. 글을 못 읽고 제대로 쓰지 못하면서 눈치로 학교생활 하는 아이가 얼마나 힘들까, 문자로 둘러싸인 세상에서 아이가 얼마나 고통스러울까, 그러면서 자신을 바보라고 생각하며 자존감이 더 낮아지는 것은 왜 생각을 못 하는지 한숨이 나왔다. 방과 후에 남아서 학습하는 것조차 허락하지 않았다. 초등학교에서 아이에 대한 모든 개입은 학부모의 동의를 얻어야 하기에 어떤 조처도 못 한 채 다음 학년으로 올려보내며, 그 엄마 말대로 방학 동안 엄마의 교육으로 제발 기적이 일어나길 바랄 뿐이었다. 현장에 있으면서 부모의 자존심 때문에 개입이 제대로 안 되는 점이 너무나 안타깝다.

한글을 읽지 못하는 세 번째 이유는 문화 및 교육적 실조다. 2년 전에도 학급별로 잘 읽지 못하는 아이들을 검사하도록 담임 교사와 학부모를 설득하여 검사했는데, 추천받은 네 명 모두 난독증이 아니었다. 지능이 경계에 있거나 읽기 교육을 제대로 못 받아 방치된 경우였다. 답답한 마음에 담임 선생님들께 어떻게 된 것이냐고 물으니 부모님 모두 아이가 남아서 공부하면 놀림을 받고 자존감이 낮아진다고 반대했다는 것이다. 남게 해서 읽기 공부를 하다가 엄마가 찾아와 항의하는 일도 있었다고 한다. 그런 식으로 11월까지 오게 되었다는 것이었다. 글자를 읽지 못해서 수업 중에 아이들의 시선을 끌고 놀림당하는 것은 생각하지 못하고, 어떻게든 숨기고 묻으려고만 하는 학부모님의 태도가 솔직히 아주 답답하다.

학교를 비롯한 이 사회는 문자 사회다. 글을 모르면 배움에도 어려움을 겪을 수밖에 없고, 활발하던 아이도 글을 읽지 못해 좌절하고 주위에서 놀림을 받으며 많이 위축될 수밖에 없다. 학부모 중에 '공부가 인생의 전부가 아니다.'라는 미묘한 반항심으로 교사가 가르칠 권리마저 빼앗으려는 모습을 보이면 안타깝다. 이 학부모들이 가정에서 아이를 옆에 끼고 가르치는 것도 아니다. 심지어 어떤 학부모는 상담 중에 "우리 아이는 제가 하는 작은 사업을 물려주면 되니까 걱정하지 마세요."라고도 했다. 공교육에 대한 믿음이 왜 이렇게 무너졌을까, 무엇이 문제인가 고민이 된다. 경계선 지능을 가지고 있어도 1년 정도 노력하면 글자를 읽을 수 있다. 결국, 배움의 기초가 되는 아이들의 문자 해독을 방해하는 것은 동영상에 익숙한 아이들에게 다소 지루하고 인내심이 필요한 이 과정을 권하거나 함께하는 것을 귀찮아하는 어른의 외면도 분명히 있다.

단순히 문자 읽기뿐만 아니라 초중고생의 문해력도 많이 하락하고 있음을 느낀다. '얼굴이 피었다'라고 하니, 얼굴에서 피가 나냐는 말을 하고, 사자성어는 외계어 수준으로 전혀 이해 못 하는 학생이 늘어나고 있다. 116쪽의 표는 PISA에서 제시한 2018학년도 우리나라 학생들의 읽기 결과다. 전체 평균으로 상위이기는 하지만, 하위 수준1수준 미만, 1수준, 2수준이 점점 늘어나고 있다.

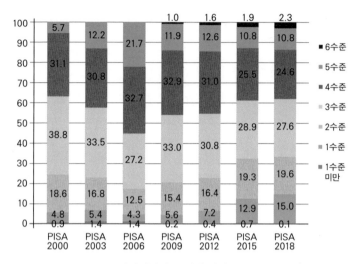

OECD 국제학업성취도 읽기 결과(교육부 자료)

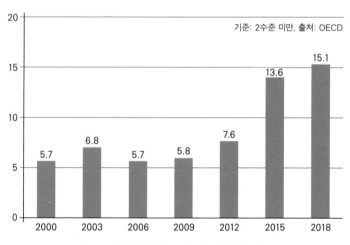

OECD 국제학업성취도 읽기 하위성취비율

아이들이 학교에서 자는 이유는 공교육이 학원 교육보다 많이 뒤처져서 학교 공부를 등한시하는 것이 아니다. 학교 공부를 알아듣지 못해서 잠을 자는 것이다. 이런 아이들은 학원의 전기세를 내 주는 기부자임을 깨닫지 못하고 아이의 학업을 학원에 의지하며 학교를 탓하는 학부모도 자주 만난다.

1, 2학년 때까지는 그야말로 글자로서의 한글을 읽을 수 있어야 하는 시기다. 이에 비해 3학년 때부터는 학습을 위한 한글 읽기 즉, 문해 교육이 시작된다. 문장과 글을 읽으면서 그 글이 말하는 의미를 읽어 내야 한다. 이것은 읽기 자료를 많이 접해야 가능하다. 하지만 그 전에 아이들은 어릴 때부터 동영상이 펼쳐지는 스마트폰에 눈을 고정하고, 조금 커서도 게임이나 1인 방송, SNS 등 다양한 용도로 스마트폰을 손에서 놓지 못한다. 아이들이 문자로 된 책을 멀리할 수밖에 없는 환경이다.

마찬가지로 어휘력이 점점 부족해지니 감정을 표현하는 것도 빈약하다. 화났다는 것을 비속어인 '빡친다', '뚜껑 열린다' 등으로 표현하는 아이가 점점 늘어나고, '노엽다', '분노가 일어난다', '울화가 치민다' 등 화와 관련된 섬세한 낱말을 잘 이해하지 못한다. 화가 난 감정뿐만 아니라 그 밑의 하위 감정인 슬픔, 질투, 무안함, 미움, 증오, 억울, 서운함 등 다양한 감정을 '짜증 난다.'라는 한 가지 말로만 표현해 버린다. 그러면서 더 이상의 소통을 거부하고, 나아가 자신의 짜증 난다는 감정이 어떤 것인지 들여다보고 성찰하는 기회마저도 거부하는 아이가 많아지고 있다. 감정은 나의 경험에서 비롯된 흐름이고 이것을 제대로 인식하고 관리하는 것이 감정의 주인이 되기 위해 정말 중요한데, 감정 관련 교육의 기회가 많지 않아 걱정된다. 학교에서 배우는 지식뿐만 아니라 자신의 감정마저도 깊이 생각하기 싫어하는 시대인 것이다.

내가 초등학생일 때는 국어 숙제로 짧은 글짓기, 비슷한 말과 반대말 조사 등의 과제가 있었다. 특히 5학년 때는 국어책의 모르는 낱말들을 쓰고 그 뜻을 국어사전에서 찾아 베껴가는 숙제가 많았다. 시간이 오래 걸리는 숙제였다. 국어사전으로 낱말을 찾다 보면 가끔 다른 낱말들이 보이고, 읽게 되는데 그런 점도 어휘력을 풍부하게 하는 데 도움이 되었던 것 같다. 시험도 많았다. 1, 2학년 때는 늘 받아쓰기 등 많은 시험이 있었고, 5, 6학년 때는 단원마다 띄어쓰기 시험으로 스트레스가 많았다. 초등학교 때부터 문예부에서 활동해서인지 심심할 때 국어사전을 찾아보면서 무언가 색다른 낱말이 있으면 그 낱말을 활용하고 싶어서 누가 시키지 않아도 시를 쓰기도 했다. '시나브로', '매초롬하다'와 같은 다양한 낱말에 매력을 느끼던 시절이었다.

5학년 때부터 폭발적으로 책을 많이 읽으면서 책 속의 다양한 낱말들을 자연스럽게 접했다. 특히 집에 있는 퀴퀴한 종이에 세로로 인쇄된 《한국 단편소설》 15권 전집을 섭렵하면서 우리나라 소설가 특유의 문장력이나 다양한 우리말 어휘를 접했다. 그래서 문학소녀 시늉을 하며 사춘기를 나름 멜랑콜리하지만 멋있게 보냈던 것 같다. 이 과정에서 어휘의 정확한 뜻을 몰라도 맥락을 통해서 어떤 뜻인지 대강 유추하고 짐작하는 것이 큰 도움이 되었던 것 같다.

고등학교 때도 역시나 책을 많이 읽은 편이었고, 특히 사회 선생님이 내준 신문 사설 읽어오기 숙제가 도움이 많이 되었다. 한자의 뜻을 찾아오고 사설에 대해서 내 생각을 쓰는 과제였다. 인터넷이 등장하기 전이어서 옥편으로 일일이 획순을 찾아야 하는 수고로움과 늦게 퇴근하시는 아버지를 기다리다가 아버지가 오시면 신문 사설에 빼곡한 한자들을 읽어 달라고 부탁하는 날이 많았다. 이렇게 조금은 힘들게 과제를 하면서 학원에서 배우지 못한 어휘력을 나름대로 키웠다.

이 책에 개인적인 경험을 이야기하는 것은 내가 남들보다 특출났다는 자랑이 아니다. 학교 선생님들이 학창 시절 꾸준히 내주셨던 여러 가지 과제를 성실하게 하는 과정에서 어휘력과 문해력을 기를 수 있었다는 것을 말하는 것이다. 맥락 속에서 뜻을 찾고 문장의 뜻, 글의 뜻을 파악하는 문해력을 키울 수 있었던 것은 공교육의 힘이었다. 학교에서건 학원에서건, 혹은 엄마나 아빠가, 아이의 어휘력을 향상시킬 수 있는 일관되고 꾸준한 교육이 필요하다는 것을 알았으면 한다. 가랑비에 옷 젖듯, 조금씩 꾸준히 하는 교육이 더 깊고 넓게 아이에게 영향을 미친다. 매일매일 아이들이 들고 있는 스마트폰이 문제라고 말하지만_{실제로 그 말이 맞지만}, 어른들이 아이들이 문해력을 키울 수 있게끔 교육적 배려를 하고 있는지 나부터 반성하게 된다.

이런 반성에서 자신의 평온함을 잃어버릴 수 있는 화의 감정을 어릴 때부터 다루기 위해 인성교육 프로그램에 넣어서 교육했다. 아직도 자신의 부정적 감정을 어떻게 처리해야 하는지 몰라서 허우적거리는 아이들을 위해, 그러한 감정에서 용기를 내 벗어나려는 삐치기 대장 스핑키를 통해 '내가 너보다는 낫다'라는 묘한 자부심과 위로, 그리고 부정적인 감정에서 벗어나는 방법을 생각해 보도록 한다.

수업 활동 _《부루퉁한 스핑키》를 읽으며 감정 이해하기

《부루퉁한 스핑키》윌리엄 스타이그 지음, 조은수 옮김, 비룡소, 1995의 표지를 보며 아이들에게 '부루퉁한'이 무엇인지 묻는다. 선뜻 말을 못 하는 아이들에게 책 표지를 보여 준다. 아이들은 주인공의 표정을 보고 화가 났다는 것을 추론하면서 색다른 낱말을 알게 되었다는 듯한 표정이다.

"부루퉁하다와 비슷한 말이 있을 것 같은데, 뭐가 있을까요?"

아이들은 화나다, 심술 나다, 성나다 등 비슷한 말을 말하고, 나는 여기에 더해 삐치다, 토라지다, 못마땅하다와 비슷하다고 이야기한다. '무엇인가 부풀어 있는 것처럼 볼이 못마땅한 감정으로 불룩한 상태'임을 덧붙여 말하자 아이들이 이해한다.

활동 1. 스핑키의 감정 이해하기

스핑키는 왜 토라졌나요?

나도 스핑키처럼 기분이 토라져서 풀리지 않을 때가 있었나요?

"스핑키는 왜 이렇게 토라져서 부루퉁해 있을까요?"

"엄마가 동생 편만 들어서 그런가 봐요."

"아니야, 엄마나 아빠가 형 편만 들어서 그래."

아이들은 다양한 이유를 상상해서 꺼내 놓는데, 재미있는 것은 자신을 투영해서 대답한다는 것이다. 집안에서 자기의 다양한 위치, 겪었던 경험을 자신과 비슷한 나이로 보이는 책의 인물을 통해 이야기한다는 것이다.

"스펑키 이름이 웃겨요. 스펑크스? 스컹크? 히히……."

"아! 그럼, 이름을 가지고 누가 놀렸나?"

"그럴 수도 있겠네요. 그럼 스펑키가 왜 화가 났는지 한 번 들어 봅시다."

스펑키의 이야기를 들려준다. 아이들은 그림 속 장면을 보면서 나의 낭독을 듣는다. 스펑키가 형과 미국의 수도를 놓고 우기다가 싸우고, 누나한테는 스컹크라고 놀림을 받아 싸운다. 화가 나서 집 마당으로 가출한 스펑키를 이해 못 하는 아빠 때문에 서운해서 화가 나고, 마당에서 부루퉁해 있는 자신을 찾지 않는 가족들엄마 빼고 때문에 또 화가 난다. 아이들은 스펑키의 이야기를 들으면서 답답해한다. 좀 토라졌다고 마당에 있는 해먹에서 꼼짝도 하지 않고 누워 있는 주인공을 못마땅해하는 아이도 있다. 너무 철없다고 생각하는 순간, 스펑키가 슬슬 기분이 풀리고 집으로 들어갈 생각을 하는 장면이 나온다.

"그런데 왜 스펑키가 집으로 선뜻 들어가지 못할까요?"

"계속 삐쳤다가 갑자기 헤헤거리고 들어가면 좀 창피할 것 같아요."

"오호, 그럴 수 있겠네. 우리도 그럴 때가 있지요? 기분이 풀렸는데, 어떻게 해야 할지 모를 때가…… 그래서 계속 그런 기분인 척해야 할 때가 있지요."

"맞아요. 그런데, 들어가긴 해야지요. 가족들이 걱정하는데."

"그래요. 여러분이라면 어떻게 들어갈 건가요?"

나의 질문에 아이들은 창문으로 몰래 들어간다는 1차원적인 말을 하거나, 편지를 써서 준다, 그냥 평소처럼 아무 일 없었던 것처럼 들어간다, 들어가서 너무 화를 내서 죄송하다고 말한다 등 다양한 의견을 말한다.

"여러분 의견들이 나름 다 일리가 있네요. 그런데 스펑키는 이렇게 했어요."

아침상을 몰래 차려서 아침에 일어난 가족에게 대접하는 장면을 보여 준다. 몇몇 아이가 미소 짓는다. 스펑키의 대처에 만족해하는 웃음이다. 하지만 역시 나의 초등 3학년 때 모습처럼 반응하는 아이도 있다.

"그래도 저렇게 하루를 밖에서 잘 정도로 화를 내는 것은 좀 심하네요. 스펑키는 세상 살기 힘들겠어요."

"그래도 저렇게 기다려 주는 가족이 있으니 다행이지. 그렇게 기다려 주다 보면 감정을 잘 정리하는 법을 스스로 배우겠지요."

같은 사건을 보고도 아이들이 느끼는 감정이나 생각, 반응은 이렇게 다양하다. 아이들이 사는 환경 특히, 가정환경이나 주변 환경이 너무 다르기 때문일 것이다.

수업 활동 _ 감정을 안전하게 푸는 방법

감정을 다스리는 방법_{신호등 기법}, 갈등을 해결하는 방법_{비폭력}_{대화}은 고학년에서 구체적으로 나온다. 따라서 3학년은 이런 부정적인 감정은 누구나 다 느끼는 것이고, 감정을 드러내고 인식하는 것에 초점을 두어 수업한다. 아울러 감정을 안전하게 푸는 현명한 방법을 함께 모색하며 고학년 수준까지는 아니지만, 나름 '분노'를 표현하는 대신 '평온함'을 찾을 방법에 관해 이야기를 나누어 본다.

"여러분도 스펑키처럼 화가 날 때 푸는 방법이 나름 있겠지요?"

이 질문에 아이들은 '소리를 지른다, 때린다, 방으로 들어가서 엉엉 운다, 물건을 던진다, 동생에게 화풀이한다' 등 거침없이 이야기한다.

"그 방법들이 효과가 있나요?"

"조금 시원하기는 한데, 엄마에게 혼나거나 일이 더 커져요."

"그러게 화가 나는 것은 당연한 건데, 그것을 풀려면 방법이 따로 있어요. 잘못 풀면 여러분 말대로 일이 커지거나 내 마음이 더 불편해지기도 하니까요."

그리고 두드림 노트를 가리키며 아이들에게 묻는다.

"오늘 우리가 할 활동은, 화와 같은 감정들을 풀어내는 방법을 어떻게 찾을까? 예요"

아이들 입에서 '안전하게'라는 말이 나오도록 계속 발문한다.

"안전하게 감정을 풀어내는 방법을 나 혼자 생각해서 쓰고, 다 쓴 사람들은 모둠별로 친구들의 의견을 물어보고 들으세요. 그리고 가장 좋은 생각을 뽑아 봅니다. 모둠에서 뽑힌 의견을 발표할 거예요."

아이들이 각자 떠올리는 부정적 상황은 매우 다양하다. 하

활동2. 안전하게 기분을 푸는 방법

안전하게 기분을 풀 수 있는 방법에 대해서 알아봅시다.

1. 나의 방법: 놀기, 마음다스리기

2. (　　　) 방법: 침대에 눕기

3. (　　　) 방법: 놀기

4. (　　　) 방법: 마음 풀기 (속으로 노래, 숫자세기)

위의 의견에서 가장 좋은 방법은? 왜?

마음가라 앉이기 왜냐하면 화난 것을 다스리면

화난게 조금씩 가라 앉기 때문게 입니다.

활동2. 안전하게 기분을 푸는 방법

안전하게 기분을 풀 수 있는 방법에 대해서 알아봅시다.

1. 나의 방법: 취미

2. (　　　) 방법: 음악감상

3. (　　　) 방법: 학원가기

4. (　　　) 방법: 한숨쉬고 미안하다 하기

위의 의견에서 가장 좋은 방법은? 왜?

음악 감상 이유는 조용히 음악을 감상하면 안정되고

화가 풀리기 때문

감정을 안전하게 푸는 방법

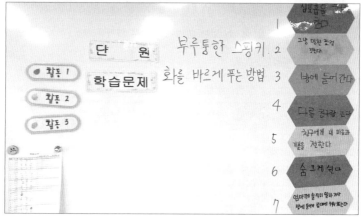

모둠별 의견 모으기(위)와 뽑은 의견 제시(아래)

지만 공통으로 부정적 감정을 느끼는 순간이고, 그 순간 그 감정을 어떻게 안전한 방법으로 풀 것인지 고민하기 시작한다는 점에서는 같은 입장에 있다. 부정적 상황은 다양하고 감정도 다양하지만, 어떤 방법이 안전할지는 의견을 모을 수 있는 것이다. 아이들은 다양한 방법을 말한다. 물론 여전히 소리를 지른다고 말하는 아이도 있지만, 모둠에서 그 말을 제지하면서 좀 더 안전한 방법이 좋겠다고 서로 이야기를 나누기도 한다.

남에게 피해를 안 주고 혼자 푸는 방법, 적극적인 놀기 활동 등으로 감정을 환기하는 방법, 다른 활동을 하면서 누그러뜨리는 방법 등을 주로 많이 말한다. 모두 아이들 나름의 방법이기에 존중한다. 하지만 모둠별로 뽑힌 의견을 칠판에 쓰면서 아이들과 가장 좋은 의견을 뽑는 과정에서 교사로서 적극적으로 문제를 해결하고자 하는 방법들에 한 표를 던지면서 감정과 갈등을 푸는 적극적인 방법에 대해서 안내한다.

즉, 가라앉히기, 나 혼자 풀기의 과정도 중요하지만, 갈등이 있는 상대방과 감정이 가라앉은 상태에서 적극적으로 평화적인 대화를 통해 해결하는 방법도 있음을 전할 필요도 있다. 지금은 그런 방법이 있다는 정도만 이해하고, 고학년이 되면 적극적으로 대화하는 방법을 배우게 된다.

화의 감정은 하루에도 몇 번씩 주변에, 세상에, 심지어 나 자신에게도 일어날 수 있다. 하지만 이러한 부정적인 감정을 푸는 방법은 사람마다 차이가 있다. 그러나 그 방법 선택의 결과는 긍정적인가 부정적인가로 나뉘고 자신과 주변에 여러 가지 영향을 미칠 수 있다. 아이들에게 '화는 누구든지 느끼는 감정이고 낼 수 있다. 하지만 그 화를 푸는 과정은 안전해야 하고 주변을 존중해야 한다.'라는 것을 일깨우고 싶었다.

최근 학교는 분노 표현을 서슴지 않는 일부 학부모로 인해 교사들이 마음을 많이 다친다. 어떤 일이든 '일단 화부터 내고, 아니면 말고' 식으로 교사를 대하는 학부모가 늘고 있다. 코로나19로 사람들의 삶이 많이 팍팍해지고 힘든 상황이라 이유 없는 화가 더욱 늘어난 것 같다. 우리 아이들에게 화를 다스리는 교육을 좀 더 체계적으로 시킨다면 다음 세대는 좀 나아지지 않을까 희망을 가져 본다.

활동 후 드는 생각

우리반에서 뽑힌 것은 음악 감상과 시원한 베개 안고있기 이고 음악 감상은 마음이 가라앉기는 하지만 그 마음을 계속 숨기고 자기만 알다가는 더 화가 날것 같고 시원한 배게 안고있기는 시원한 배게 없으면 어떤일을 할수 없지만 화가 풀리면 상대에게) 대화 요청은 상대와

메모1

대화를 하면서 내가 기분이 나쁜것을 상대가 알어서 화를 풀수 있어 아주 좋은 방법인것 같습니다

활동 후 소감

활동 후 드는 생각	스스로 평가해 봐요
우리 6반에서 뽑은 화풀기	
최고의 의견은 마음을 솔직하게	질문) 열심히 생각하며 토론에 적극적으로 참여했나요?
말해서 풀기이다. 왜냐하면	(스스로 평가하여 ○표 하세요)
솔직하게 말 하면 나의	
마음도 솔직해지고 부모님도	- 매우 그렇다.........(○)
내마음을 더 정확하게	- 그렇다................( )
전달 할 수 있기 때	- 보통이다.............( )
문이다. 그리고 솔직하게	- 아니다................( )
	- 모르겠다.............( )
말하면 친구들도 친구의	

메모1	메모2
말을 더 이해를 할 수 있고 친구들이 솔직이라고 말해 줄 것 같기 때문이다. 또 안 좋은 점은	잘 알아듣지 못하면 마음의 오해가 될수있고 다른 의견이 생길 수 있기 때문이다.

활동 후 소감

7차시
가족의 마음에 귀 기울여요

수업 활동 _《돼지책》 표지 읽으며 시작하기

《돼지책》허은미 옮김, 웅진주니어, 2001 은 앤서니 브라운의 대표 작품이다. 아이들이 인성 수업 교실에 들어와 이 책이 놓인 것을 보자마자 매우 반가워한다. 곧이어 어떤 내용인지 말하느라 여념이 없다. 그만큼 유명한 책이다. 이런 작품은 아이들이 모두 알기 때문에 신선함이 떨어질 수는 있다. 하지만 아이들이 안다고 해서 걱정할 필요는 없다. 대강의 내용은 기억하지만, 생각보다 꼼꼼히 읽은 아이가 많지는 않기 때문이다. 오히려 대강의 내용을 알기 때문에 책을 깊이 있게 읽을 수 있어서 좋고, 아이들의 작품에 대한 호감으로 인해 수업 진행이 더 매끄럽다.

표지를 보며 무엇이 보이냐고 묻는다. 아이들은 엄마가 아빠와 두 아들을 업고 있는 장면이라며 엄마가 헐크라고 농담하기도 하고, 이런 상황이 가능한지 의아해하기도 한다. 아직도 보이는 대로 생각하는 피아제의 전조작기 인지 발달적 특징을 보이는 아이도 있어서 교사로서 '아직도?'라며 깜짝 놀랄 때도 있다. 교사가 바라는 답을 아이들이 쉽게 말하지 못하는 것은, 튀려는 행동으로 아이들에게 웃음을 주려는 개구쟁이도 있지만, 이 상황을 이해하지 못하는 느린 아이도 꽤 있기 때문이다. 이렇게 한 교실에도 아이들의 발달 수준이 격차가 클 때가 있다. 이를 잘 조율하여 수업을 진행하는 교사의 역할이 쉽지만은 않다. 하지만 +1 effect를 말한 콜버그의 이론처럼 여러 수준의 아이들이 서로에게 영향과 배움을 준다. 다행히 똘똘한 아이가 의견을 말한다.

"야, 농담하냐? 저기 엄마 표정을 좀 봐. 힘들어 보이잖아. 셋은 웃는데 엄마만 무표정이야. 저기 아빠는 아예 이빨이 드러나게 웃네? 엄마가 불쌍하다."

용케 엄마의 표정을 읽으며 이 가족의 문제점을 짚어 내는 아이도 있다.

"어휴, 엄마 허리 부러지겠다. 저 뚱뚱한 아빠가 업혀 있다니, 말도 안 된다."

엄마의 입장이 되어 공감하는 아이도 있다. 이런 아이들 덕분에 수업이 산으로 가지 않고 제 길로 들어선다.

"와, 잘 발견했네요. 맞아요, 표정이 다르지요? 사실 엄마가 무표정인 것이 더 안타깝지요. 차라리 고통스럽게 찡그리거나 짜증 내는 게 낫지."

"왜요?"

"응, 사람은 너무 힘들면 표정이 사라지니까요."

문득 내 주변에서 우울증을 앓는 사람들을 떠올려 본다. 여러 과정을 거쳐 우울증에 걸린 동료나 주변 사람의 무표정한 얼굴을 보면서 놀랄 때가 많다. 우연히 그들과 얼굴이 마주칠 때면 어떤 기쁨도 노여움도 슬픔도 느껴지지 않는다. 그냥 목석같이 무표정하여 갑자기 만날 때는 솔직히 섬뜩할 때도 있다. 사람에게서 감정이 빠져나가면 저렇게 무섭구나 생각하게 된다. 아장아장 걷는 아이도 엄마의 무표정한 얼굴을 보고 까무러치게 놀라서 운다고 하지 않는가? 사람이 너무 힘들고 고통스러운 감정, 슬픔이 너무 크면 표정이 사라지는 상황이 오는 것임을, 동화 표지를 보고 새삼 떠올리게 된다.

타인의 고통을 진정으로 이해한다는 것은……

이 책을 아이들과 함께 읽으려는 교사나 학부모의 의도는 작게는 고생하는 엄마에 공감하는 것이고, 사회적으로는 가족 내 가사 분배의 불합리함, 더 크게는 양성평등 내지는 성평등에 관한 이야기를 전하려는 마음일 것이다. 영국에서 건너온 이 책은 가부장적인 문화가 강한 지금도 여전히 우리의 의식을 지배하고 있지만 우리 사회가 생각해 볼 점이 많은 동화다.

근사한 양복을 입고, 근사한 집과 정원, 차와 든든한 두 아들을 둔 피곳이라는 남자와 처음부터 가족 구성원으로 그림에 등장하지 않고, 집 안에서 inside라고 표현되어 있다 식사 준비, 설거지, 청소, 빨래, 다림질 등등 하녀처럼 일만 하는 여인의 불평등한 상황이 바로 소개된다. 딸이 아닌 아들 둘을 등장시킨 것은 밥을 달라고 식탁에서 외치는 아이들의 행동에서 남편이라는 남자들에 의한 불평등이 사회적으로 아들에게 계속 세습된다는 의미는 아닐까 생각해 본다. 만약 딸이 등장하는데 딸마저도 그러하다면, 얼마나 비참한 상황인가 싶기도 하다.

학생들은 이야기를 듣다가, 모든 집안일을 하고 나서야 일하러 나간다는 대목에서 누군가 마음의 소리를 말하자, 일순간 분위기가 조용해진다.

"저렇게 집안일을 하는데, 또 일하러 나간다고?"

"엄마도 일하네? 그런데 왜 저 집은 저렇게 엄마만 집안일을 해?"

무척 분노하는 아이도 있다. 집안일을 도맡아 하는 것도 불공평하다고 느끼는데, 피곳 부인이 존중받지 못하고 있음을, 피곳 씨가 쓰는 말에서 민감하게 느낀다. 아이들이 가장 분노하는 부분은 이 대목이다.

"어이, 아줌마 빨리 밥 줘," 피곳 씨도 아주 중요한 회사에서 돌아와 저녁마다 외쳤습니다.

"Hurry up with the meal, old girl," Mr. Piggott called

every evening, when he came home from his very
important job.

중요한 밥을 차려 주는 부인을 old girl이라고 한다. 한국어
판에는 '아줌마'라고 번역해 놓았다. 영국에서는 노파_{늙은 여자}를
뜻한다고 하고, 구어로는 아내, 마누라, 누님, 언니, 아줌마 등의
뜻으로 쓰인다고 한다. 우리말로 번역한 것이 하필 '아줌마'인데,
이 표현이 우리 사회에서는 존중의 의미가 아님을 아이들이 알
기에 자기 부인이자 아이들의 엄마를 '아줌마old girl'라고 부르는
것에 아이들은 적잖이 충격을 받는 것 같았다. 집안일을 다 맡아
하는 것도 억울한데, 호칭마저도 '아줌마', '노파'라니 말이다.

결국 엄마는 '너희는 돼지야.'라는 쪽지를 남기고 사라진다.
이 부분에서 아이들은 통쾌하다는 반응이다. 하지만 어떤 아이
들은 엄마가 가출했다면서 그러면 안 된다고 누가 밥해 주냐고
한다. 여전히 대부분의 식사는 엄마가 차리는 것이라는 고정관
념이 우리 문화인 것이다. 다행히 집을 나갈 만큼 괴로운 엄마의
마음에 공감하는 아이가 많다.

집은 엉망이 되고, 결국 진짜 돼지가 되려는 이들을 위해 엄
마가 다시 나타난다. 이후 용서를 구하는 남편과 아이들은 집안
일을 자기 일로 생각하고 적극적으로 참여하고, 엄마는 남은 시
간을 '차 수리'를 하며 행복해한다. '차 수리'를 하며 얼굴에 검댕
을 묻히고도 행복해하는 엄마를 보며 고개를 갸웃거리는 아이도
있다.

"엄마가 차 수리를 한다고?"

남녀를 떠나 한 인간으로서 좋아하는 일은 각자 다름을 느끼는 순간일 것이다. 여기에서 "그럼, 여자라고 기계를 못 다루는 것은 아니지."라고 미리 말하지 않는다. 아이들이 핫시팅을 통해 질문하고 대답하며 깨달을 수 있으리라 믿기 때문이다.

곳곳에서 차별받는 엄마의 모습과 여자의 희생을 대가로 생각 없이 이기적으로 사는 남편과 아이들의 모습을 통해 성차별의 실상도 알리고, 여자도 얼마든지 기계를 다루는 등 자신이 좋아하는 일을 할 수 있다는 인간에 대한 존중과 평등 의식이 드러나는 책이다. 최근 우리 사회에서 논의되는 '젠더 감수성'을 생각하는 좋은 자료임에는 분명하다. 여자답게, 남자답게가 아니라 '인간답게' 서로를 존중하며 성장하는 것이 중요하다.

이 작품으로 수업하면서 엄마에 대한 연민과 죄송함으로 집안일을 적극적으로 도와주려고 다짐하고, 성차별에 비판 의식을 갖는 계기가 되는 것 같아 내심 뿌듯하다. 하지만 이러한 평등 의식은 그렇게 쉽게 키워지는 것은 아님을 느끼게 된다. 엄마를 도와 집안일을 함께해야 한다는 말을 아이들이 맨 마지막에 하지만, 이런 대견한 말속에도 '집안일은 엄마의 것이고, 우리는 그것을 돕는 것이다.'라는 생각이 여전히 내재한 것이다. 그만큼 내외가 하는 일이 철저히 나뉘어 있던 우리나라의 옛 문화는 지금도 관습적 유전자처럼 우리 정신에 세습되고 있다. 이러한 풍조를 깨야 내 딸들에게는 평등한 세상을 물려줄 수 있을 텐데, 안타깝게도 이런 불평등한 사회 구조를 깨는 가장 큰 벽은 나 자신이라는 것을 문득문득 깨닫는다.

한동안 《82년생 김지영》조남주 지음, 민음사, 2016이라는 책이 인기였다. 단번에 읽을 정도로 흡인력과 의미를 가진 작품으로 우리 사회를 휩쓸다가 동명의 영화김도영, 한국, 2019로까지 제작되었다. 영화는 원작과 달리 주인공을 이해하는 남편이 등장하는데, 그 남편의 실천을 방해하는 사회적인 시스템과 문화를 조명하는 듯 보이기도 했다. 하지만, 72년생인 내가 그 영화를 보면서 '나는 저것보다 더했는데……' 하고 생각하는 것은 어쩔 수 없었다. 심지어 '나는 둘이나 키웠는데, 그러면서 직장생활 다 했는데…….' 하고 왠지 억울해하다가 내가 무슨 생각을 하나 싶어서 깜짝 놀라 애써 공감하려고 했다. '하긴 저 주인공은 능력 있고 꿈이 있고, 어느 정도 주체적으로 살아가도록 키워진 82년생인데, 그 분야에서 자아실현을 하고 싶은 열망이 얼마나 강했겠어. 배운 것과 달리 현실은 여전히 아무것도 할 수 없으니 마음이 아프다 못해 탈이 날 수밖에 없겠지.'라며 주인공의 능력이 육아로 단절되는 것에 안타까운 마음이 들기도 했다. 그러나 영화를 보고 나오면서, 나와 엇비슷하거나 좀 더 있어 보이는 세 명의 여성 관람객이 하는 말을 들으면서 가슴이 쿵 내려앉았다. 어쩌면 내 마음을 들킨 기분 때문일 것이다.

"참, 영화가…… 저 정도로 뭐 저렇게까지 그래? 이런 걸 영화로 만들어? 저 정도로 저렇게 정신을 놓으면 우리 때 같았으면 다 죽었겠다."

대한민국에서 얼마나 힘들게 가정을 돌보고, 육아하고, 직장

생활까지 하고 있는지, 누가누가 더 힘드나 무용담을 말하며 서로를 위로하지 못하고 고통의 수준이나 정도를 경쟁하는 느낌이었다. 분명히 공감하고 있는데, 왜 이런 질투나 시샘의 마음과 비슷한 미묘한 감정이 드는 걸까? 한동안 생각하다가 내가 내린 결론은, 남의 일이 아닌 내가 겪었던 일이기 때문이라는 데 있다. 내가 겪은 일들의 크고 작은 상처에서 아직 벗어나지 못했기 때문에 나와 비슷한 타인의 불행에 공감하기보다는 나의 상처가 덧입혀져 더 억울하고 더 답답하고 더 안타까운 마음에 오히려 냉소적으로 대하는 것이 아닐까 싶다. 학교폭력 연구 결과 중에, 나와 비슷한 처지의 친구를 만나면 동병상련에 더 잘해 주고 이해해 주는 것이 아니라 기회가 닿으면 더 많이 괴롭힌다는 내용이 있다.

예전에 〈태극기 휘날리며〉강제규, 한국, 2004라는 6·25전쟁 관련 영화를 부모님과 함께 본 적이 있다. 나는 눈이 붓도록 울었는데, 부모님은 덤덤하신 반응이었다. 안 슬펐는지 여쭈어보았더니, "저 정도야 뭐, 우리 때는 더 심했다."라고 하시면서 전쟁 장면이 너무 시끄럽다고 심드렁하게 말씀하셔서 조금 이해가 안 되었다. 우리 부모님은 6·25 때 여덟 살 남짓이었는데, 전쟁통에 목숨을 걸고 남쪽으로 내려오신 분들이다. 이불을 이고 피난길을 가다가 비행기의 공격을 받아도 살았는데, 이불 솜 덕분이 아닌가 말씀하기도 했다. 남으로 내려와 강화도에 살면서 이질에 걸려 격리되었는데, 돌봐 주는 사람도 없이 열흘 만에 스스로 살아나신 아버지였다. 결국, 타인의 고통을 진정 이해한다는 것은 그렇게 쉬운 일이 아니며, 내 고통과 상처에서 벗어나지 못하면, 같은 일을 겪는 상대를 이해하는데 오히려 장애가 될 수도 있음을 깨닫게 된다. 〈82년생 김지영〉 영화를 보는 내내 남편이 옆에서 한숨을 쉬고, 내 손을 잡기도 했는데, 난 위로받는 느낌보다는 갑자기 부아가 치미는 것이 내내 이상했다.

'그때, 내가 힘들 때 당신이 어떻게 했더라? 그런데 저 여자가 저 정도 겪는 것 가지고 마음이 아프다고 한숨을 쉬고 안타까워해? 어이가 없네.'

결국 영화에 대한 분노는 그것이 아직 해결하지 못한 내 상처들의 융기임을 느낀다.

동화 한 편으로 사회 전반적인 일과 더불어 나 자신에 대해서까지 생각하게 되다니, 동화의 힘은 참 크다. 앤서니 브라운의 동화 속 분위기는 사실 밝기보다는 오묘한 우울감이 느껴진다. 가족 이야기를 많이 그리면서도, 뭔가 소통이 안 되거나 갈등으로 소외된 듯한 가족 구성원이 자주 등장하기 때문일 것이다. 초현실주의 화가인 달리와 르네 마그리트의 영향을 많이 받은 전직 '의학 전문화가'답게 그의 그림은 세밀함을 갖추었고, 아울러 상상력을 불러일으키는 삽화로 자꾸 들여다보게 하는 매력이 있다. 그러면서도 다양한 메시지를 전하는 그의 동화는 많은 팬을 매혹하는 힘이 있다.

수업 활동 _ 인터뷰하면서 엄마의 마음 헤아리기

인터뷰하기 전에 아이들에게 질문을 한다.

"첫 번째 질문, 혼자서 집안일을 도맡아 하는 엄마의 마음을 앤서니 브라운은 그림을 통해 나타냈습니다. 무엇인가요?"

답 : 집안일을 할 때 표정이 없는 엄마의 얼굴.

"두 번째 질문, 아버지와 아들이 돼지로 변하게 된 장면은?"

답 : 엄마가 '너희는 돼지야'라고 쪽지를 쓰고 나간 그 날.

"세 번째 질문, 앤서니 브라운은 작품 속에 다른 작품을 그려 놓는데요, 오늘 작품에서 등장하는 동화책은?"

답 : 아기 돼지 삼 형제.

동화를 얼마나 세심하게 집중해서 듣고 보았는지 확인하려는 질문이다. 이런 질문에 답을 맞히는 아이들을 보면 그 관찰력에 감탄하게 되고 대견하다. 동화책을 보면서 나의 낭송을 들으며 그림을 유심히 보는 것, 관찰력은 길러질 수 있으며 교사는 모든 학습과 삶의 기본이 되는 관찰력을 길러 주기 위해 노력해야 한다고 생각한다.

주인공 역할을 정해 굳이 인터뷰하는 이유는 아이들이 질문거리를 생각하면서 자연스럽게 이야기의 전체 흐름을 생각하고, 인물의 감정에도 집중하며 나아가 상상력을 발휘하여 이야기를 펼쳐 나가는 효과가 있기 때문이다.

인성교육 시간에 가장 중요한 것은 인물의 감정을 공감하고 이해하는 것이다. 유달리 사실을 묻는 아이가 많지만, 그런 아이들의 질문도 인정한다. 간혹 감정 질문을 하는 학생이 나타날 때 적극적으로 지지하는 발언을 하면, 넛지nudge 슬쩍 건드리기 효과가 있어 감정 질문도 생각하려는 태도를 보인다. 엄마의 마음을 충분히 이해할 만한 학생을 뽑아서 교실 가운데 의자에 앉히고 정중히 질문하고 대답하도록 한다. 너무 많은 학생이 손을 들면, 모두 일어나고 지목된 친구가 질문할 때 같은 질문이면 앉으면서 동감 표시를 하게 해서 참여를 유도하고, 발표 의욕을 꺾지 않도록 한다. 발표자가 많은 교실에서 교사의 소망은 아이들이 만족할 만큼 발언하도록 하는 것인데, 수업 시간은 한정되어 있기에 다양한 방법으로 발표를 진행한다. 나처럼 모두 일어나서 친구가 하는 말과 비슷하면 앉아서 참여를 유도하는 것이고, 릴레이 발표로 빠르게 듣고 가장 핵심적인 질문을 뽑아 부각하는 방법, 발표 순서를 미리 정해 주어서 고르고 지목하느라 보내는 시간을 아끼는 방법도 있다.

활동지에 있는 인터뷰 질문처럼 아이들은 다양한 질문을 한다. 그렇게 힘들면서 왜 지금에야 집을 나갔는지, 그러다가 왜 들어왔는지 등 엄마의 가출과 귀가에 대해 가장 많이 질문한다. 엄마가 집을 가출한 것이 아이들로서는 충격이었던 것 같다. 아울러 남편의 여러 가지 무례한 행동에 관한 느낌을 묻기도 한다. 존중받지 못할 때 느낌이 어떤지 아이들도 이미 안다. 피곳 부인 역을 맡은 친구에게 물어보면서 구체화하고 그 대답에 같이 공감하는 이 과정은, 교사가 굳이 가르치지 않아도 존중과 공감을 배우는 기회가 되기에 참 의미 있는 수업이다.

엄마 인터뷰하기

활동1. 엄마와의 인터뷰
※ 엄마에게 하고 싶은 질문을 써 봅시다.
질문1. 피고 써가 "아줌마"라고 할때 어떤 기분이 없나요?
가족들이 집만 정리 안할때 어때나요?
질문2. 당신의 이름이 무엇인가요?
왜 지금까지는 집을 안 나갔나요?
※ 각 모둠에서 엄마 역할을 한명 정하고 인터뷰를 해 봅시다.

활동1. 엄마와의 인터뷰
※ 엄마에게 하고 싶은 질문을 써 봅시다.
질문1. 당신은 왜 자동차 수리를 취미로 했나요?
질문3 남편이 하인 취급할 때 어떤 기분이었나요?
질문2. 왜 마지막에 들어왔나요?
질문4 왜 집에서 났나요?
※ 각 모둠에서 엄마 역할을 한명 정하고 인터뷰를 해 봅시다.

엄마 인터뷰하기

　　이름이 무엇인지, 어떤 일을 좋아하는지와 같은 정체성을 묻는 말도 날카롭다. 이름이 있다가도 결혼하면 남편 성을 따르는 외국의 문화를 간접적으로 배우기도 하는데, 이 작품에서는 피곳 부인으로 불리면서 자신의 정체성을 상실해 가는 우울한 여인이 아이들에게 다가온 것이다. 답변하는 아이들은 고개를 갸우뚱하다가 다양한 이름을 말하는데, 책 겉면에 쓰인 줄리아라는 이름을 용케 기억하고 말하는 재치꾼도 있다.

　　"왜 자동차 수리를 좋아하나요?"라는 질문에 답변하는 아이가 이상하다는 듯 쳐다보며 답변한다.

"여자가 자동차 수리를 하면 안 되나요? 자동차 수리는 나의 취미인데요. 그게 왜 이상하지요?"

질문한 아이는 피곳 부인 역할을 맡은 친구의 당당한 대답에 무안한 듯 앉는다. 아이들도 감탄하듯 대답하는 친구를 바라본다. 이 순간이 젠더 감수성 교육의 시작일 것이다. 생각해 보면 방송에서 활동하는 유명한 셰프는 대부분 남자고, 유명한 브랜드의 미용실을 경영하는 사람도 대부분 남자인데 말이다.

가끔 의미 있는 질문도 한다.

"처음부터 남편이 이런 사람이었나요?"

"아닌 것 같아요. 처음에는 안 그랬어요. 하다 보니 집안일이 제 일이 되었어요."

"힘들어서 집을 가출한 것은 알겠는데, 이렇게 가출하기 전에 왜 미리 힘들다고 말하고 가족과 함께 집안일을 나누어 보자고 말을 하지 않았나요?"

"얘기해 보려고 했는데, 듣지 않을 것 같았어요."

"그래도 얘기했어야지요. 돼지로 변하기 전에요."

여자는 무조건 피해자, 남자는 가해자라는 생각에서 벗어나 엄마 역할에 충실한 것은 좋은데, 이렇게 혼자 모든 집안일을 도맡게 된 상황에 이른 것은 엄마에게도 책임이 있다는 것을 아이가 표현하고 싶었던 것 같다. 몇몇 아이가 가족이 돼지로 변한 것은 상황을 바꾸어 보려고 노력하지 않은 엄마의 책임도 있다는 깊은 생각을 했다는 것이 참 멋지다.

하지만 이 대화를 들으며 마음 한편에서는 72년생인 나 또한 그 엄마처럼 그렇게 가족 분위기를 만들고 있었다는 것을 느끼고 언뜻 찔리기도 한다. 아직 초등학생인 둘째 딸이 집안에서 내가 끝없이 집안일을 하는 것을 보고 가슴을 치며 "엄마, 도대체 왜 그래?"했던 적이 있다. 가족들의 손을 기다리고 어설픈 도움을 기다리느니, 그냥 내가 희생하고 말지 하며 집안일을 이것저것 혼자 할 때 힘들어서 일그러진 표정을 보고 딸이 안타까워했다. 특히, 명절에 시댁에서 끝없이 설거지하는 나를 뒤에서 보던 딸의 글썽이는 눈과 마주쳤을 때의 순간을 잊을 수 없다.

"왜 울어?"

"엄마……, 너무 불쌍해. 다들 놀고 있는데 엄마만 이게 뭐야."

그냥 내 일이려니 하면서 한숨만 쉬며 받아들이는 것이 옳은 행동만은 아니었다. 딸아이는 나보다 그나마 적극적이다.

어느 날은 종이에 집안일을 아는 대로 쭉 쓰더니 아빠와 오빠에게 보여 주며 할 수 있는 일을 표시하라고 했다. 자신도 도울 수 있는 것을 쓰고 그것을 거실에 붙여 놓은 딸 덕분에 나도 아차 싶었던 기억이 있다. 시대가 달라졌다고 하지만 여전히 집안일은 여자의 몫이라는 정신적인 세뇌가 나의 할머니와 엄마를 통해 시나브로 내 머릿속에 깊이 뿌리박힌 것이다.

내 딸과 아들이 서로 존중하고 평등한 사회에서 살아가게 하려면 나부터 의식이 깨어 있어야 함을 나와 36년 차이가 나는 띠동갑 딸에게 배운다. 딸아이를 보며 그래도 앞으로의 사회는 바뀌리라 생각한다. 이것이 제대로 자리 잡힐 때 우리 사회는 좀 더 행복해지고 현재 우리나라의 가장 큰 우려인 인구절벽과 관련된 출생률도 비로소 상승하게 될 것이다.

정리하기 _ 공감한 마음 표현하기

핫시팅 활동이 끝나면 자기 이야기로 화제를 바꾼다.

"피곳 부인처럼 여러분의 집에도 집안일을 가장 많이 하는 분이 있을 것 같아요. 누구죠?"

아이들은 다양하게 이야기한다. 대부분 엄마, 간혹 아빠, 할머니나 고모, 할아버지를 말하는 아이도 있다. 엄마나 아빠가 부재인 아이도 있다. 아이들에게 가족은 꼭 부모님이 함께 계시는 것이 아닐 수도 있음을 이야기한다. 최근 대가족은 거의 사라지고 핵가족, 혼합 가족 등 다양한 가족 형태가 등장하기에 새삼스레 혈족을 강조할 필요는 없다.

가끔 무엇을 써야 할지 몰라 우왕좌왕하는 아이도 있다. 이럴 때 가장 좋은 방법은 교사이면서도 아내이고 엄마인 나 자신의 일과를 적절히 드러내 예를 들어 주는 것이 효과적이다.

"선생님을 예로 들어 줄게요. 선생님은 엄마기도 하니까. 우선 아침에 일어나서 대강 출근 준비를 하고, 아침 식사를 준비해요. 그리고 아침 식사를 대강하고 설거지한 후, 두 아이를 깨우고, 아이들 옷 챙겨 주고, 아이들이 아침 먹는 것을 보고 인사하고 출근해요. 그리고 이렇게 학교에 와서 여러분과 만나고 학교 일을 하지요. 퇴근길에 마트에 들러 장을 보고, 집에 와서 집 정리나 청소를 하고, 저녁 식사를 준비해요. 가족과 저녁을 먹고 설거지하고, 아이들 숙제나 공부를 좀 봐 주고, 선생님 할 일 좀 하고, 간식 준비하고, 잠자리 봐 주고, 아침 식사할 거 대강 준비하고. 아 맞다, 퇴근해서 빨래 개거나 돌리기도 하고……."

아이들은 나의 사례를 듣고 "와, 선생님 진짜 일 많이 한다. 남편은 안 도와주세요?" 하거나 "우리 엄마도 그러는데, 에휴." 하고 연민의 시선을 보내기도 한다. 하지만 나를 당황하게 하는 반응을 하는 아이도 있다.

"선생님, 우리 집에서 제일 일을 많이 하는 사람이, 아무리 생각해 봐도 저 같은데요?"

그러자 몇몇 아이가 자기네가 집에서 하는 일이 제일 많다며 아우성치듯 동조한다. 뭐라는 소리인지 모르겠다는 표정을 지으면, 학원 다니랴 말 안 듣는 동생 돌보랴, 엄마 아빠 눈치 보랴 바쁘고 힘들단다. 이때 "에이, 말도 안 된다." 하는 것보다는 우선은 보류하는 입장을 취한다.

"음, 그렇구나. 많이 힘든가 보네. 학교에서 배우랴 학원에서 배우랴, 많이 힘들지?"

"예, 제가 정말 힘들거든요. 하는 일도 많고 학원을 많이 다니고. 엄마는 집에서 드라마도 많이 보고, 전화 통화도 엄청 많이 하고 좀 노는 것 같아요."

순간 뜨끔 하지만 한번 더 마음을 가다듬고 다독이듯 안내

활동2. 부모님의 일상 (부모님 중 한 분을 정해서 그 분의 하루 써보기)		
누구	하는 일	내가 도와줄 수 있는 일
엄마	1. 밥 주기 2. 동생 돌보기 3. 머리 묶어주기 4. 빨래 하기 5. 설거지 하기 6. 책 읽기 7. 저녁식사 하기	동생 돌봐주기 저녁식사, 아침밥 먹기전에 숟가락, 젓가락 놓고 설거지 통에 넣놓기 빨래개기

활동2. 부모님의 일상 (부모님 중 한 분을 정해서 그 분의 하루 써보기)		
누구	하는 일	내가 도와줄 수 있는 일
할머니	1. 나 깨워주기 2. 빨래하기 3. 음식하기 4. 청소 5. 내숙제 봐주기 6. 시장가서 우리가족 먹을 사기 7. 설거지	책읽기 빨래 개기 집청소하기 숙제 스스로 하기

가족이 집에서 하는 일 써 보기

한다.

"응, 이해해요. 그래도 엄마나 아빠는 여러분이 학교에 갔을 때 보이지 않게 집안일을 많이 하세요. 집안일을 많이 하는 사람을 나 빼고 한 명 정해서 그 사람이 하는 일을 써 봅시다."

그리고 나의 사례를 들려주고 쓰라고 하면 아이들은 조금은 투덜대면서도 써낸다. 그런데 다 쓰고 나서는 "와, 우리 엄마 하는 일 정말 많네." 하는 아이가 많다. 무엇이든 다 정리되어 있으니, 그 일들이 저절로 된다고 착각할 때가 많다. 자잘한 일이 생각보다 많음을 아이들이 새삼 깨닫는 순간이 있는 것 같아 다행이다.

그런데 코로나 대유행이 장기화하면서 안타까운 말을 하는 아이도 있다. 우리 집에서 집안일을 가장 많이 하는 사람을 쓰는 과정에서 한 아이가 문득 말한다.

"우리 집에서는 아빠가 집안일을 다 해요."

"아빠가? 아빠가 집안일을 다 하시면 많이 힘드시겠네."

"……아빠가 코로나 때문에 직장을 그만두셨어요. 그래서 집에 계시니까, 엄마 대신 집안일을 다 하시죠."

아이가 그동안 보였던 장난기는 온데간데없이 담담하게 자신의 가정에서 벌어지는 일을 솔직하게 이야기하는데, 나도 아이들도 그 얘기를 조용히 숨을 죽이고 듣는다. 아이가 한숨을 쉬며 창밖을 바라보는 모습을 보니 마음이 내려앉는 느낌이었다. 시대가 변해서 아빠 대신 엄마가 경제활동을 하고 아빠가 집안일을 하는 집도 있지만, 여전히 아빠는 가장으로서 집안의 수입을 책임지는 존재라는 인식이 우리를 지배한다. 이 아이의 경우도 자발적으로 엄마 아빠의 역할이 바뀐 것이 아니라, 어쩔 수 없이 찾아온 코로나 대유행으로 인해 경제적인 어려움을 겪는 상황이다. 활발하고 발표 잘하는 아이의 얼굴이 어두워지면서 창밖을 보는 것이 많은 것을 말해 주고 있었다.

"그렇구나, 제경이_{가명}가 걱정이 많겠지만, 곧 다시금 원하는 일을 하실 수 있으실 거야. 코로나가 곧 끝나겠지. 그리고 아침에 선생님이 아침맞이 할 때 보니까, 딸 밥 먹이고 머리 예쁘게 묶어 주고 등교시키는 아빠도 많더라고."

시대가 변했다는 둥, 걱정하지 말라는 둥 어떤 위로도 잘 받아들여지지 않을 것 같아서 이 정도에서 멈추었다. 다른 아이들이 듣고 뒤에서 수군대면 어쩌나 하는 생각도 들었지만, 그 마음보다는 열 살 아이가 가정의 상황으로 인해 걱정하는 이 순간이 안타까웠다. 코로나로 인해 자영업자가 무너지고, 경제적 양극화는 더욱 심화되었다. 이렇게 어려운 상황에서 그 영향을 고스란히 받는 아이들이 위축되고 나아가 마음에 상처를 입지 않도록 배려해야 할 것이다.

"여러분, 부모님이 하시는 일 옆에 내가 도울 수 있는 일을 구체적으로 써 봅시다."

아이들이 작성할 때, 특히 내가 도울 수 있는 집안일을 꼭 쓰도록 한다. 될 수 있으면 구체적으로 써야 실천할 수 있으므로, 돕기로 다짐한 일을 많지 않아도 되니 자세히 쓰라고 한다. 어느 정도 작성하면 엄마, 아빠, 할머니 등 대표적인 사례 몇 가지를 들어 본다. 사례를 들으면서 요즘도 여전히 집안일은 엄마의 몫이고, 가족들은 돕는 정도라는 점을 느낀다.

하지만 아버지나 다른 가족 구성원이 적극적으로 분담해서 일하는 집도 예전보다 많아지고 있음에 사회가 그래도 조금씩 변하고 있는 것 같아 다행이다. 아이들은 이 와중에 재활용 분리

수거하기, 동생과 놀기, 내 숙제 스스로 하기, 저녁 식사 설거지 내가 하기 등 나름 다양한 방법을 생각해 낸다.

　마지막으로 정리다. 아이들이 과연 이 활동을 하면서 무엇을 느꼈을까? 아이들은 동화를 통해 자신의 부모님, 그중에서도 엄마를 많이 떠올렸다. 아이들의 깨달음이 실생활로 이어지면 참 좋겠다.

활동을 하면서 느낀 점	스스로 평가해 봐요
돼지 책을 읽고 엄마가 많이 힘들겠다고 생각했다 엄마는 없으면 공부도 못하고 빨래도 못하고 해서 엄마가 없으면 안된다고 했다. 또 피꽃 식구들 중에서 아빠, 나, 동생이 얼마나 집안일을 안한다고 생각했다. 이제는 동생돌봐주고 저녁식사, 아침밥 먹기 전에 손가락,	질문) 열심히 생각하며 토론에 적극적으로 참여했나요? (스스로 평가하여 ○표 하세요) - 매우 그렇다..........(○) - 그렇다................( ) - 보통이다............( ) - 아니다................( ) - 모르겠다.............( )
메모1	메모2
젓가락 놓고 설거지통에 넣고 빨래개고 하도록 하기로 했다. 피꽃식구들도 이제 아빠, 나, 동생과 엄마가 웃게 만드는, 행복한 가정을 할 수록 도와주겠다고	생각한다. "엄마, 미안하고 이제 내가 집안일 돌봐줄게!"

활동 후 소감

활동을 하면서 느낀 점	스스로 평가해 봐요
〈 나는 엄마의 가출에 대해〉	
나의 생각은 옳다고 생각	질문) 열심히 생각하며 토론에
한다. 왜냐하면 우리 엄마	적극적으로 참여했나요?
도 일을 많이 해고 스트레	(스스로 평가하여 ○표 하세요)
스가 쌓여니까 피고서	
부인도 집이 나가는게 이해	- 매우 그렇다.........(○)
가 되고 우리 엄마	- 그렇다.................( )
도 이해가 된다.	- 보통이다.............( )
그리고 우리엄마는 간호사	- 아니다.................( )
이다. 그래서 매일 매일	- 모르겠다............( )

메모1	메모2
환자를 봐줘야 된다. 그래서 어떤 날은 환자가 엄마한테 소리 지르는게 정말 정말 마음이 아프고 속상하다. 그리고 어떤 날은 울고 오고서 너무 속상하고 우울하다. 언젠간 우리 엄마도 화가 풀리	김을 바란다. 앞으로도 우리엄마를 도와줄거다.

활동 후 소감

152

8차시
작은 힘이 모이면……

협동이 가능한 나이

1, 2학년 시기의 아이들은 자발적으로 공동의 목표를 설정하여 협동하는 것이 쉽지 않다. 아이들이 이기적이라서가 아니라 발달 특성상 여전히 친구들의 입장을 헤아리기가 어렵기 때문이다. 상대방의 입장을 이해하는 것, 상대의 관점에서 바라보는 것은 생각만큼 쉬운 능력은 아니다. 역지사지의 사고와 감정은 어느 정도 머리가 여물어야 가능하기 때문이다. 다른 사람의 행동이나 관점을 이해하는 능력, 특히 사회적 관계와 또래 관계에서 보이는 역지사지의 능력을 '사회적 조망수용perspective taking 능력'이라고 한다.

이 능력에 관한 이론은 피아제를 필두로 여러 학자가 있지만, 눈여겨 볼만한 이론은 로버트 셀먼Robert L. Selman의 조망수용 발달 단계다. 자신이나 타인의 다른 관점을 이해하는 이 능력은 0단계에서 4단계로 총 5단계다. 이 단계를《교육심리학》신명희 지음, 학지사, 2018 책에 제시된 것을 바탕으로 정리해 보면 다음과 같다.

단계	시기	모형	특징
0단계 자기중심적 관점수용 단계 (egocentric viewpoint)	3~6세	자신→| |←타인	자기중심적 사고로 인해, 타인의 다른 관점을 이해 못 하며, 타인도 나와 같은 견해라고 생각한다.
1단계 주관적 조망수용 단계 (social information subjective perspective taking)	6~8세	자신 ←······ → 타인	상황을 달리 보는 타인의 입장이 있음을 이해는 하지만, 나의 행동을 타인의 관점에서 평가하기 어렵다.
2단계 자기반성적 조망수용 단계 (self-reflective perspective taking)	8~10세	자신 ← → 타인	나와 타인이 서로 보는 입장을 고려할 수 있음을 인식한다. 타인이 내 행동을 어떻게 생각하는지 알기 시작하고, 또 타인의 입장이 되어서 그 사람의 의도, 목적, 행동을 이해할 수 있다. 그러나 동시 상호적으로는 어렵다.
3단계 상호적 조망수용 단계 (mutual perspective taking)	10~12세	자신 ← → 타인 제삼자	동시 상호적으로 자기와 타인의 조망을 각각 이해할 수 있다. 제삼자의 입장에서 객관적으로 생각할 수 있다.
4단계 사회적 조망수용 단계 (social and conventional system perspective taking)	12~15세	자신 ← → 타인 사회적 조망	같은 상황을 다양하게 조망 수용할 수 있다. 이해할 수 없는 영역도 있음을 수용하기도 한다. 나와 타인 이상의 전체 사회 체계의 조망을 이해하는 최상의 사회 인지 능력의 단계다.

교육심리학 시간에 스치듯 공부한 셀먼의 이론을 제시하는 이유는, 아이들 사회성의 기반이 되는 사회인지 능력 중에서 사회적 조망수용 능력은 아이들의 인지적, 정서적 발달이 기본이 되는 것임을 강조하고 싶어서다. 아이들이 갈수록 이기적이라고 안타까워하기 전에 아이들의 성장 단계를 이해하는 것이 중요하다. 물론 예전에는 요즘 아이들보다 더 협조하고 서로 존중했다는 반론이 있을 수도 있다. 그러나 그러한 협조는 자발적이고 자연스러운 발달 단계의 특징이라기보다는 지금보다 엄했던 예전의 학교 분위기에서 다소는 억지로, 주변의 시선에 따라 행동했을 가능성이 크다. 억울하고 싫어도 부모님이나 선생님께 혼나는 것이 무서워서 했던 행동들 말이다.

표에서 보는 것처럼 초등 3학년은 2단계다. 나의 이익뿐만 아니라 친구의 이익도 생각할 수 있고, 친구 행동의 의도를 짐작할 수 있으며, 친구가 보는 나 자신도 성찰할 수 있는 시기에 들어서는 것이다. 이번 차시에서 강조하는 '협동'이라는 덕목은 상대와 나의 상황을 이해하고 조율할 수 있어야 가능하기에 3학년 때 협동을 실천할 기회를 갖는 것은 중요하다. 셀먼도 이야기했지만, 각 단계의 조망수용 능력은 감정 이입이나 돕고 나누고 보살피고 위로하며 협조하는 친사회적 행동으로 표출되고 이러한 행동들은 교육으로 키울 수 있다.

따라서 타인의 입장을 여전히 이해하지 못하고 자신의 이익만을 생각하는 아이들, 이 중에서 반사회적 행동을 하는 아이들은 초등학교 중학년 시기에 적절한 친사회적 행동을 통해서 조망수용 능력을 기르며 인간에 대한 존중 능력을 키우는 기회를 박탈당해서 그랬을 가능성도 크다. 따라서 생활교육이든 교과교육이든 다양한 친사회적 행동이 드러나는 자발적 협동 기회는 매우 중요한 교육적 경험이다. 셀먼의 사회적 조망수용 능력 발달 단계는 그 나이가 되면 그냥 생기는 것이 아니라, 획득할 준비가 되어 있다는 뜻이다. 따라서 적절한 교육과 경험이 있어야 키워지는 것이다. 바꾸어 말하면 경험과 교육, 학습이 없다면 키워지지 않을 가능성이 크다.

최근 들어 사회성의 기본이 되는 사회적 조망수용 능력에 관한 이야기가 회자되는 것은, 우리나라 아이들의 이러한 능력이 점점 낮아지고 있다는 통계적 결과 때문인데, 교사로서도 이 상황을 체감할 때가 있다.

교육부에서 제시하는 인간상은 '바른 인성을 갖춘 창의·융합형 인재'다 2022 개정 교육과정에서는 '포용성과 창의성을 갖춘 주도적인 사람'이다. 여기서 인성은 '착하다'라는 두리뭉실한 의미가 아니다. PISA에서 우리나라 학생들이 개인적인 기본 교과 이해 능력읽기, 수학, 과학은 다른 나라에 비해 뛰어난데, 유독 문제를 해결하기 위해 집단 작업을 하거나 협동하는 태도가 낮다는 결과에 당혹스러워하고 있다. 널리 인간을 이롭게 하는 홍익인간 이념을 표방하며 그러한 사람을 길러내는 것을 목적으로 하는 우리의 교육 방향과 거꾸로 가는 것이다. 이에 위기감을 느끼며 최근 '인성'교육을 강화하고, 길러내고자 하는 인간상에 '인성'을 강조하고 있다. '인성'을 갖추었다는 것은, 타인의 입장을 이해하고 나와 타인의 이견을 조율하면서 공동의 목표를 향해 소통하며 함께 '협동하는 인간'으로서의 성장을 의미하는 것이다. 참고로 2015 개정 교육과정에서 교육에 반영하기를 원했던 핵심 역량은 '자기관리, 지식정보 처리, 창의적 사고, 심미적 감성, 의사소통, 공동체 역량'이었다. 2022 개정 교육과정에서는 의사소통 대신 '협력적 소통'으로 바꾸었는데, 이는 그만큼 소통에서 협력의 중요성을 이야기하는 것이다.

하지만 3학년 아이들이다. 여전히 신체적인 움직임을 통해 배우며, 자기 눈에 보이는 이익이 있어야 마음이 움직이는 시기다. 우선은 자유로운 상상 속에서 아이들이 협동의 가치를 마음으로 이해하게 하고 싶었다.

여러 가지 책을 보다가《으뜸 헤엄이》레오 리오니 글·그림, 이명희 옮김, 마루벌, 2011가 눈에 들어왔다. 단순히 협동의 가치만을 이야기하는 것이 아니라 으뜸 헤엄이가 친구를 모두 잃어버리고 혼자 도망치는 상황에서 바닷속 여행을 통해 좌절과 슬픔을 극복하면서 성장하는 이야기기도 하다. 아울러 숨어서 지내는 새로운 친구들을 구하면서 함께 즐겁게 바다 생활을 하려고 노력하는 고민과 지혜도 돋보인다. '슈퍼맨'이나 '원더우먼'처럼 혼자서 모든 것을 안고 가고 해결하는 것이 아니라 모두가 '참여'하는 협동을 통해 극복하는 모습을 그렸기 때문이다.

그런데 난 이 책을 보며 아이들의 상상을 재미있게 끌어내고 싶은 장난기가 발동했다.

수업 활동 _《으뜸 헤엄이》를 읽고
주인공의 마음 이해하기

혼자서만 홍합 껍데기처럼 검게 태어난 으뜸이. 다행히 헤엄을 잘 쳐서인지 으뜸이는 따돌림을 받지는 않는다. 이 상황을 아이들은 예민하게 발견한다. 책 표지를 보면서 "왜 혼자만 까망으로 태어났지? 친구들이 놀리지 않을까?"라고 자연스럽게 이야기하는 아이가 많다. 아이들은 뭔가 다르다는 것을 경계하고, 혹시나 내가 그 입장이면 어쩌나 두려워하는 것도 같다. 서서히 자의식 발달이 시작되고, 친구 속의 나를 생각하는 것이다. 이처럼 자의식이 어느 정도 있어야 하지만, 주위의 시선을 지나치게 신경 쓰면서 진정한 자신을 잃어버리는 것은 안타까운 일이다. 더구나 아이들이 으뜸 헤엄이를 피해자로 보는 느낌이 있어서, 으뜸 헤엄이를 귀한 존재로 생각하게 해야 했다.

"으뜸 헤엄이가 잘하는 것은 무엇일까요?"

아이들은 헤엄치기부터 시작해 도망치기, 친구 사귀기, 빠른 판단력, 친구 돕기, 용기, 먼저 나서기, 참기 등 으뜸 헤엄이의 긍정적인 면을 말한다. 이 과정에서 으뜸 헤엄이는 피해자에서 주체적인 주인공으로 아이들 마음속에 탄생한다.

으뜸 헤엄이는 헤엄을 잘 치는 능력 덕분에 큰 물고기의 공격에서 유일하게 살아남는 생존자가 되지만, 친구들을 모두 잃고 혼자 남는다. 능력이 자신을 구했지만, 친구들을 구하지는 못했으므로 많이 절망하며, 고독 속에서 바다를 떠돌며 헤맨다. 많은 성장 드라마나 영화의 축소판인 셈이다. 으뜸 헤엄이의 삶을 따라 그 감정을 이해하게 하고 싶었다. 책을 읽다가 잠시 멈추고 아이들에게 질문한다.

"어이구, 친구들이 모두 잡아먹혔네. 으뜸 헤엄이는 마음이 어땠을까?"

"쓸쓸하고, 외롭겠어요."

"혼자만 살아남아서 힘들었겠다."

아이들의 반응을 듣고 계속 동화를 읽어 준다. 바닷속을 목적 없이 헤매며 다양한 친구를 만나고, 그들을 통해 으뜸 헤엄이는 성장한다.

"으뜸 헤엄이가 만난 것에 어떤 것들이 있는지 모두 말할 수 있겠어요?"

아이들에게 적절한 기억력이라는 인지적 도전을 유도한다.

"해파리, 가재, 이름 모를 물고기, 뱀장어, 말미잘, 사탕 같은 바위……."

아이들은 더듬더듬 만났던 것들을 나열한다.

"얼마나 잘 들었는지 볼까요? 말미잘은 뭐 같다고 했지요?"

"분홍빛 야자수요."

이렇게 아이들의 집중과 기억을 높이는 다양한 질문을 한다. 가끔 평소에 두각을 드러내지 않던 조용한 아이들이나 짓궂어서 친구들에게 인정받지 못하던 아이들이 신나서 읊으면, 다른 아이들은 놀랍다른 듯이 바라보고 그 아이들은 쑥스럽지만 자랑스러운 표정을 짓는다.

바닷속을 여행하던 으뜸 헤엄이가 자기와 비슷한 종족의 친구가 바위에 숨어 지내고 있는 것을 발견한다. 나와서 놀지도 못하고 숨어 지내고만 있는 새로운 친구들을 보며 "……무슨 좋은 수를 생각해 봐야지." 지점에서 읽기를 멈춘다.

"자, 이제까지 이야기를 들으며 으뜸 헤엄이에게 하고 싶은 질문을 준비하세요. 으뜸 헤엄이가 와서 대답해 줄 겁니다."

《고양이 피터》로 수업할 때는 놀라서 정말 고양이가 왔는지 반신반의하던 아이들이 이제는 놀라지도 않고 농담한다.

"으뜸 헤엄이가 산소마스크를 쓰고 왔나? 어항에 넣어져서 왔나? 제가 으뜸 헤엄이 할래요."

아이 중 지원자 한 명을 시킬 수도 있고 바쁘면 교사인 내가 하기도 한다.

으뜸 헤엄이에게 다양한 질문이 쏟아진다. 내가 원했듯 혼자 남았을 때 으뜸 헤엄이의 감정을 공감해 보게 하는 질문도 하고, 어쩌다 검게 태어났는지, 진짜 이름이 무엇인지, 부모님은 언제 돌아가셨는지 꼬치꼬치 캐묻는 아이도 있다.

그러다가 한 아이가 "그런데, 그 좋은 수가 뭐예요?"라고 질문한다. 이 순간이 다음 활동으로 이어가는 끈이 된다.

활동1. 질문 놀이
1. 책을 들으며 질문을 만들어 봅시다.

질문1. 너는 왜 까망이니?, 너만 혼자 검정 색이니 어떤

기분 이였니?, 까만 다랑가 친구들을 잡아먹었을 때 어떤
느낌이 들었니?

질문2. 너는 여행을 하면서 어떤 느낌이 들었니?, 까만

다랑어를 보았을때 어떤 느낌이였니?, 너의 부모님은 어디있니?

활동1. 질문 놀이
책을 들으며 질문을 만들어 봅시다.

질문1. 다른 물고기는 더 빨강색인데 너는데 검정색이니?

질문2. 간신히 살아남았는데 어떤기분이였니?

질문3. 넓은 바다에 흥가났을때 어땠니?

질문4. 넓은 바다에서 여러 동물들 만났을때 기분이 좀 풀었니?

으뜸 헤엄이에게 질문하기

수업 활동 _ 작은 물고기의 생존 방법을 상상하면서 협동의 의미 이해하기

"그래요, 그 방법이 뭘까?"

말이 떨어지기가 무섭게, 이미 이 작품을 만난 아이들이 답을 알고 있다며 말하려고 한다. 그럴 때는 자연스럽게 아이들의 말을 제지하며 새로운 미션을 제시한다.

"잠깐, 이미 답을 아는 친구들, 잠깐 멈춰 주세요. 각자 생각한 방법을 쓰고, 모둠 친구들과 의논해서 가장 좋은 방법을 선택하고 전체로 발표합니다. 기발한 방법을 발표한 모둠은 선생님이 준비한 초콜릿을 모둠이 모두 받습니다."

우선은 자신이 생각한 방법을 먼저 쓰도록 한다. 어느 정도 기록한 듯한 분위기를 감지하면 모둠별로 의논하라고 한다.

아이들은 초콜릿이 걸린 미션인지라 소곤거리며, 다른 모둠이 듣지 못하게 의논한다. 재미있는 것은 모범생이 많은 모둠은 책 내용대로 방법을 제시하는 반면, 평소에도 장난기 많은 아이는 맥락 없이 상상을 펼친다. 아이들이 결정한 방법들을 둘러보다가 너무 비슷한 답변을 하면 분위기를 바꾼다.

"여러분, 둘러보니까 너무 비슷한 답변이 많은데, 그러면 뽑히기 어렵지 않을까요?"

아이들은 잠시 당황하다가 이미 낸 의견을 좀 더 깊이 있게 다루려고 하거나 다른 방법을 모색하기 시작한다. 서로 의논하다가 말이 안 된다며 정색하는 모둠도 있고, 친구의 의견에 손뼉

활동2. 함께 방법 찾기

작은 물고기들이 생존하는 방법을 상상해서 이야기를 나누어 정리해 봅시다.

1. 나의 방법: 작은 물고기들에게 헤엄을 빨리 치는 법을 알려준다

2. (　　　　) 방법: 모여서 몸을 크게 만든다.

3. (　　　　) 방법: 그냥 숨어있는다.

4. (　　　　) 방법: 숨어 다니면서 먹이를 구한다

우리 모둠에서 뽑은 방법은?

작은물고기들에게 헤엄을 치는법을 알려준다.

활동2. 함께 방법 찾기

작은 물고기들이 생존하는 방법을 상상해서 이야기를 나누어 정리해 봅시다.

1. 나의 방법: 다른 물고기들을 잘 설득해 모험을 계속히 내려

2. (　　　　) 방법: 풀 풀 속으로 숨는다.

3. (　　　　) 방법: 작은 물고기들을 큰 물고기로 합쳐서 큰물고기

4. (　　　　) 방법: 눈에 잘 안 띄는 색깔로 몸을 칠히

우리 모둠에서 뽑은 방법은? 작은 물고기들을 큰 물고기로 합쳐
큰 물고기를 위협한다.

작은 물고기의 생존 방법 상상하기

작은 물고기의 생존 방법 발표

치며 신나 하는 아이도 있다. 결정한 모둠은 화이트보드에 쓰고 칠판에 모두 붙이면 발표를 시작한다. 누가 화이트보드에 쓸지를 두고 갈등하기도 한다. 색을 여러 가지 주어서 서로 쓰거나 글과 그림을 분담해서 쓰게 한다. 하지만 중요한 것은 쓰는 것이 아니라 모둠에서 협의한 내용을 모은 것을 전체와 공유하는 것이므로 쓰는 것에 시간을 많이 들이지 않도록 한다.

아이들 대답은 일반적이면서도 각양각색이다.

"친구들과 협동해서 큰 물고기 모양을 만들어서 다가오는 큰 물고기를 쫓아내요."가 가장 많이 나오는 답변이다. 좀 더 섬세하게 다른 친구들은 빨간색이니까 물고기 모양을 만들고 으뜸 헤엄이는 검은 눈 역할을 한다고 덧붙이기도 한다. 다양성을 중시하고 각자의 위치에서 최선을 다해 협동하여 적을 물리치는 것, 협동의 진정한 의미를 이해한다는 점에서 이 답변이 아이들 사이에서 많이 나오는 것이 바람직하다. 그러나 수업하다 보면, 뻔한 답이 나와 재미가 없는 것은 어쩔 수 없는 것 같다. 다행히 몇몇 아이는 독특한 방법을 이야기한다.

"여행하면서 만난 친구들, 그러니까 뱀장어, 가재 같은 친구들에게 부탁해요."

"으뜸 헤엄이가 친구들을 훈련시켜서 헤엄을 잘 치게 만들어요."

"망을 보는 물고기들을 만들고, 큰 물고기가 올 때 유인해서 함정에 빠지게 하는 물고기 군사들을 만들어요. 유인하는 물고기들은 으뜸 헤엄이가 훈련 시켜요."

친구에게 도움을 부탁하는 것, 친구들의 능력을 키우는 것 등 함께 살아남는 협동의 방법을 다양하게 생각해 낸다. 참 좋은 의견이라고 격려하는데, 가끔은 생각지도 못한 의견을 내놓기도 한다.

"큰 물고기가 오면 우리는 너무 작으니 더 크면 와서 먹으라며 속이고 도망쳐요."

"피라냐와 계약해요. 피라냐에게 돈을 주고 큰 물고기가 오면 피라냐한테 공격하라고 해요."

아이들의 잔꾀가 참 재미있다. 이렇게 웃으면서 발표를 마무리하려는데, 마지막 장면을 들려 달라고 한다.

"선생님, 으뜸 헤엄이는 어떻게 했어요?"

조용히 읽어 주면 아이들은 으뜸 헤엄이와 함께 즐거운 분위기를 느끼는 것 같다. "거봐, 내 말이 맞지?" 하며 으스대는 아이도 보인다. 지구에서 가장 힘없는 존재인 인간이 이렇게 지구의 주인인 것처럼 살아가는 것은, 아이들이 보여 주는 이러한 생각과 상상, 그리고 으뜸 헤엄이가 가르쳐 주는 경쟁과 함께하고 움직이는 협동의 힘이었을 것이다.

정리하기 _ 우리 반의 협동 수준 살펴보기

이제 우리 반 이야기로 돌아온다. 용기와 협동의 중요성을 으뜸 헤엄이를 통해 배웠으니 이제는 다양한 방법을 생각해야 할 때다.

"여러분의 반은, 서로 협동을 잘하나요?"

아이들이 둥지에 모여 있는 아기 새처럼 짹짹거린다. 한꺼번에 의견을 들을 수 없으니 손을 들라고 한다. 학급마다 차이가 있지만, 무조건 좋다는 아이, 불만이 많은 아이, 안타까워하는 아이, 별로 협동이 안 된다는 것을 알지만 알리고 싶지 않은 아이 등의 부류로 나뉜다.

협동을 잘하는 편이라고 하면, 어떤 점에서 그렇게 느끼는지 묻는다. 그 반대의 경우도 마찬가지다. 이분법적으로 생각할 수도 있지만, 결과적으로 어떻게 하면 더 협동하는 반을 만들어갈 것인지 이야기를 나누어 보는 시간이 필요하다. 이 과정에서 다른 친구들의 이기적인 행동을 탓할 수도 있지만, 자신은 과연 얼마나 친구들과 협동하기 위해 노력했는지 성찰해 보도록 한다. 이것을 쓰는 과정에 협동은 내가 조금 양보하고, 희생하면서 시작된다는 삶의 지혜가 스며들길 바라 본다.

우리 학급에서 필요한 협동은?	스스로 평가해 봐요
우리 학급에서 필요한 협동은 교실 모둠을 친창하지 하고 친청하게 대한다. 아이디어를 내서 잘 하겠다. 협동이 되지 않으면 세명이 1명의 힘도 내지 못해 힘들어	질문) 열심히 생각하며 토론에 적극적으로 참여했나요? (스스로 평가하여 ○표 하세요) - 매우 그렇다.........(○) - 그렇다................( ) - 보통이다.............( ) - 아니다................( ) - 모르겠다.............( )
메모1	메모2
화났 것이다. 그래서 협동을 해여겠다. 협동의 뜻은 +力力 이다. 뜻은 3명이 협동하면 10명의 힘도 나온다. 이다. 협동은 잘해야 겠다.	力力力同 ?

활동 후 소감

우리 학급에서 필요한 협동은?	우리 학급에서 필요한 협동은?
우리반은 잘 하긴 하는데 조금더 필요하다. 먼저 큰 줄넘기 할때와 모둠활동 할때와 체조와 운동 할때가 조금더 필요하다. 앞으로도 우리반이 열심히 할수 있도록	우리 3-6반은 협동이 ○이다. 왜냐하면 많이 싸우지 않고 생각이 맞기 때문이다. 앞으로 협동 점수를 더 높이기 위해 나눔 존중, 친절, 생각, 인정을 하며 높이고
메모1	**메모1**
나도 열심히 하고 우리반 친구들도 열심히 한다고 믿을 거다. 내가 만약에 물고기 였다면 빨간 물고기가 한 몸이 되고 으뜸해어 미가 눈이 되어서 까만 다랑어를 놀래켜 주고 싶었다. 그리고 이 책을 도서관 에서 빌려 보고 싶었다.	더 상냥하고 배려, 협동하고 배려보다. 생각 깊게 생각하도록 하겠다. 그리고 3-6반은 더 큰 협동이 되도록 노력하고 더 생각 깊게 하는 3-6이 되었으면 좋겠다.

활동 후 소감

9차시
친구와 서로 도와요

왜 협동해야 하는가

교사로서 아이들이 서로 어울리고 배려하며 협동하는 모습은 참 흐뭇한 일이고, 아이들이 이렇게 자라길 바란다. 그러나 내가 사회생활 하면서, 체육대회 때 줄다리기, 합창대회 등 다양한 협동의 기회가 있었지만 팀플팀프로젝트 등을 할 때는 회의가 많이 들었다. 대학교 때 유독 팀플이 많았는데, 약속을 정하고도 사정이 있다고 안 나오고 결국 나온 몇몇만 모여서 하거나 서로 할 일을 나누는 과정에서 삐걱거리고, 학점 때문에 그때마다 '차라리 내가 하고 말지.'라며 혼자 일을 떠안고는 했다. '이런 팀플은 왜 하는 거야?' 하며 협동에 회의를 느낀 적도 꽤 있었다. 지금도 아이들은 세세한 안내나 개인 점수 없이 그냥 맡기는 협동 작업이나 팀플에 반대하는 경우를 종종 본다.

노력 없이 학점을 얻으려는 무임승차족, 나 혼자 열심히 해서 뭐하나 하며 잘 참여하지 않는 '봉 효과내가 봉인가?'족이 있다.

과제를 해결하려고 하기보다 갈등 상황을 해결하는 데 더 에너지를 쏟는 기분이다. 이러한 심리적인 갈등 때문일까, 막시밀리안 링겔만Maximilien Ringelmann이라는 사람은 줄다리기 실험을 통해 개인이 집단에 속할 때 자기 능력을 최대로 발휘하지 않는 현상이 일어난다는 '링겔만 현상'을 제시하기도 했다. 팀플을 통해 최선을 다하지 않으려는 동료를 만나 실망하고 억울해하면서, 나 또한 최선을 다하지 않았던 기억이 있다. 이런 일을 겪으면서, 각자의 인생이 짧은데 맞지 않은 사람들과 일하는 것이 무슨 의미가 있는지 인간을 냉소하기도 했다. 그러면서도 여전히 나는 내 삶에서 경험했던 것과 달리 이율배반적으로 아이들에게 협동의 가치를 가르치고 있다. 교사로서 심각한 가치관의 위기다. 이런 위기를 극복하도록 도와준 것은 역시 책이었다.

《철학은 어떻게 삶의 무기가 되는가》야마구치 슈 지음, 김윤경 옮김, 다산초당, 2019라는 책을 읽다가 인간 협동의 필요성과 관련해 혜안을 얻었다. 이 책을 읽기 전, 인간의 능력에는 큰 차이가 없으며, 인간이 원하는 것은 희소하고 유한하기에 '만인의 만인에 의한 투쟁이 발생한다'라는 말이 와닿은 때가 많았다. 이렇게 디스토피아적 세상을 이야기한 토머스 홉스Thomas Hobbes는 인간의 이기적인 본성을 제어하기 위한 '사회계약론'과 '강력한 중앙권위체리바이어던'를 주장할 만큼 인간의 본성을 어둡게 바라보는 학자다. 홉스의 의견에 가끔 마음이 가는데, 왜 아이들에게 굳이 협동을 가르쳐야 하는지 고민하게 된다. 교육을 통해 타율적인 협동이라도 가르쳐야 사회가 유지된다는 것인지 고민이 되었다. 다행히

이 책에 제시된 여러 이론을 통해 인간의 자발적인 협동을 키워 주어야 하는 이유를 깨달을 수 있었다. 협동의 이유를 정리해 보겠다.

우선 하나보다는 여럿이 낫다는 '이론적 타당성'이다. 이론은 구체적 경험을 정제한 합이라는 것을 우선 이야기해 둔다.

1968년 지중해에서 사라진 스콜피온 원자력 잠수함을 수색할 때의 일이다. 넓은 바다에 침몰한 핵잠수함을 발견하려면 대부분 가장 유명한 권위자를 불러 의견을 듣는다. 그러나 수색 책임자는 어떤 한 개인의 전문가 의견을 받아들여 탐색하지 않고, 수학자, 잠수함 전문가, 해양 구조대 등 다양한 분야 전문가들의 침몰 시나리오를 베이즈 확률론Bayesian probability으로 분석해 예측했다. 결국 오차범위 200미터로 침몰 지점을 확인했다고 한다. 이것은 문제 해결을 할 때 가장 현명한 개인 한 명의 의사결정보다는 여러 명의 의사 결정의 합이 오히려 질 높은 의사 결정을 할 수 있는 가능성이 있다는 것을 나타낸 사례다. 우생학자였던 프랜시스 골턴Francis Galton도 소의 무게를 맞히는 실험에서 한 명의 우월한 전문가보다는 일반인 여럿의 의견의 합이 소의 무게를 더 정확하게 맞혀서 당황했다는 일화도 있다. 이러한 결과는 '집단지성'이라는 이름으로 한때 경기도교육청의 모토가 되기도 했다.

수석교사로서 수업 컨설팅을 하며 '집단지성'을 실제 목격한 적도 있다. 수학 수업 공개를 하는 6학년 선생님과 동기유발에서 '집단지성' 실험을 해 보기로 했다. 물체의 무게를 어림하는데, 똑똑한 아이 한 명이 말하는 무게와 나머지 다섯 명이 말한

값의 평균을 비교해 보았다. 반신반의하며 진행한 동기유발이었다. 결과는 여섯 모둠 중 다섯 개 모둠에서 수학을 잘한다는 똑똑한 한 명의 예측치보다 나머지 너덧 명의 예측치 평균이 실제 무게에 더 가까워서 깜짝 놀란 적이 있었다. 그 순간은 아이들에게도, 수업하던 선생님과 그것을 지켜보던 나에게도 '집단지성'의 힘이 공허한 이론이 아님을 깨달은 소중한 경험이었다. 결국 다양성이 문제 해결력을 높인다는 점, 따라서 다양한 사람의 의견을 경청하고 존중하는 과정이 협동임을 알게 된다.

둘째는 나와 다른 사람과 만나야 성장한다는, 결국 내 성장을 위해서 협동이 필요하다는 점이다. 인생을 살면서 우리는 번번이 실망하면서도 계속 나와 마음이 맞는 그 누군가를 찾아서 같이 일해 나가길 바란다. 안타깝게도 최근 온라인에서 일시적인 만남이 증가하면서 조금만 불편하고 나와 맞지 않으면 바로 연결을 끊어 버리는, 인스턴트적 만남이 늘고 있는 것 같다. 짧은 인생, 나와 맞지 않는 사람은 빠르게 손절매하는 것이 이 시대를 약게 살아가는 방법일 수 있다. 그러나 '이해할 수 없는 사람과 함께 일해야만 하는 이유'는 여러 철학자가 제시했다. 특히, 프랑스의 철학자 에마뉘엘 레비나스Emmanuel Levinas에 의하면 '좀처럼 알 수 없는 상대인 타자는 깨달음의 계기'라고 말했다. 어쩌면 세상을 살아간다는 것은, 이해할 수도 없고 나와 다른 다양한 타인들과 접하면서 어제까지 모르던 것을 새롭게 알고 깨달으면서 지혜를 터득하는 것이리라. 나와 다른 사람, 소통하지 못하는 사람과의 관계를 거절하면 배움의 기회를 잃고, 스스로 변하고 성장할 기회 또한 잃게 된다는 것이다. 나아가 "상대를 죽일 수 있는 것은 타자의 얼굴을 응시하지 않는 경우뿐이다."라고 하는 레비나스의 알쏭달쏭한 말처럼, 나와 다른 타자, 이해하지 못하는 타자를 틀렸다고 단정하고 교류와 관계를 일방적으로 끊으면서, 타인을 경멸하고 공격하면서 비극이 시작되는 것이다. 역사상 나와 다르다는 것에서 비롯된 혐오로 인한 학살은 계속됐음을 보아도 그러하다. 결국 개인적인 성장을 위해, 나아가 인류의 평화로운 지속을 위해 나와 다른 타자를 만나는 것이 필수적이라는 말이다.

아울러 집단의 문제 해결은 '동질성과 이율배반의 관계'에 있다는 말도 있다. 즉, 집단의 문제를 해결하는데, 아무리 지적 수준이 높은 사람의 집단이라도 비슷한 의견과 가치관, 지향성을 가진 사람들이 모이면 지적 생산의 질이 낮아진다는 말도 있다. 지금은 없어졌지만, '악마의 대변인끝까지 이의를 제기하는 사람'을 일부러 두는 것도 동질성을 깨고 문제 해결과 성장을 위한 인간의 노력이었을 것이다. 나와 다른 존재는 불편한 것이 맞다. 우리 마음속에 항상성을 유지하고 싶어서일 것이다. 그러나 인지적이거나 정서적인 갈등을 느낄 때 우리는 더 성장할 수 있고 그러려면 다양한 타자를 만날 필요가 있다.

아이들에게 협동하라고 가르친다는 것은, 단순히 힘을 모아 현재의 문제를 해결할 지혜를 알려 주는 것 이상으로, 인간의 다양함에 대한 이해와 갈등을 현명하게 해결하고자 하는 힘의 구축에 있음을 깨닫는다. 주위의 친구들, 타자인 그들의 다양성을 겪으며 갈등하고 반목하며 때로는 상처를 입기도 하지만, 타인과 교류함으로써 다른 문화와 세계를 형성한 그들을 이해하고, 우리는 인간으로 성장하고 변화할 수 있다. 문제는 예전과 달리 내가 사는 동네에서 다양한 타자를 만날 기회가 줄고 있다는 것이다. 또한 인터넷 세계에서는 내가 일방적으로 관계를 선택하기도 하고 끊기도 하는 편리함(?)이 있다 보니, 나와 맞는 사람하고만 어울리게 되면서 이해할 수 없는 사람들과 대면하고 상호작용하면서 얻을 배움이 더욱 줄어들고, 편협성이 증가하면서, 타인에 대한 폭력성이 더욱 커지고 있다.

그래서 학교는 타자와의 조우, 함께하는 기회의 장이라는 점에서 미래에도 계속 존재할 수밖에 없고, 그 속에서 아이들은 계속 성장하는 중요한 공간이라는 것이다. 코로나 대유행으로 인해 일방적인 온라인 교육을 하면서 아이들의 인지적인 학력 저하도 문제지만, 정서적인 성장이나 사회성 하락이 더 큰 문제라는 최근 연구 결과들은 상호 간의 만남과 관계가 인간 성장에 얼마나 중요한지를 새삼 느끼게 한다.

셋째로 협동을 가르쳐야 하는 이유는 그래야 우리가 생활 속의 다양한 문제를 해결하며 삶을 살아갈 수 있기 때문이다. 영화 〈뷰티풀 마인드〉론 하워즈, 미국, 2001의 실제 모델인 '존 내시John Nash'는 죄수의 딜레마, 나아가 '반복적인 죄수의 딜레마'를 해결하는 최강의 전략은 '협조'라는 객관적인 실험 결과를 제시했다.

게임에서 '협조'와 '배신' 카드를 가지고 있던 참가자들이 신호와 동시에 상대에게 한 가지 카드를 내민다. 둘 다 배신을 선택하면 각 10만 원의 상금, 둘 다 협조를 선택하면 각 30만 원의 상금을 받는다. 그런데 만약 둘이 다른 카드를 내면즉, 한쪽은 협조, 한쪽은 배신 배신 카드를 낸 사람에게만 50만 원을 준다. 최종 우승을 거둔 프로그램은 단 3행의 코딩으로 이루어진 프로그램이라고 한다.

1. 내가 먼저 배신하지 않는다.
2. 상대가 배신하면 그 자리에서 나도 배신으로 돌아선다.
3. 상대가 협조로 돌아오면 나도 그 자리에서 협조로 돌아선다.

우선 협조하고 상대에게 배신당하지 않는 한 계속 협조하는 전략이 최강의 전략이라는 것은, 결국 상대를 믿고 먼저 협조하는 태도가 인생을 살아가는 데 그렇게 손해 보는 것은 아님을 알 수 있다. 협동해도 손해 보지 않고 오히려 서로에게 이득이 된다는 것을 아이들에게 구체적인 실험 사례로 안내하는 것도 앞으로의 인생을 행복하게 살 지혜를 알려 주는 기회가 되리라 믿는다.

수업 활동 _ 놀이를 통해 협동 배우기

인간에게 협동이 필요한 이유를 장황하게 늘어놓았지만, 아이들을 가르치면서 정말 중요한 것은 협동의 기회를 제공하는 것이다. 손쉬우면서도 아이들이 즐겁고, 그 과정에서 협동의 필요성을 깨닫는 활동이 무엇이 있을까 고민한 끝에 세 가지 게임을 정했다. 내 아이디어보다 더욱 훌륭한 교육 방법을 생각하는 동료 교사도 많을 것이다. 나는 그야말로 가장 기본적인 방법을 생각해 냈다. 초등 3학년이기에 너무 복잡한 게임은 아이들을 게임에서 이탈하게 만들 수 있기 때문이다.

몸으로 전달해요

모둠을 여섯 모둠으로 재편한다. 학급이 일곱 모둠인 경우가 많아서 여섯 모둠은 그대로 남겨두고, 한 모둠을 나누어 고르게 배치한다. 물론 시간이 넉넉하면, 원을 크게 만들어 '이웃을 사랑합니까?'나 '바람이 분다' 게임으로 한바탕 섞고 나서 1, 2, 3, 4, 5, 6까지 앉는 순서를 정하고, 같은 번호끼리 만나서 모둠을 이루도록 할 수 있다.

'이웃을 사랑합니까'는 자리 없는 술래가 한 사람에게 다가가서 "당신은 이웃을 사랑합니까?"라고 묻는다. 질문받은 학생이 "예."라고 대답하면 그 양 옆에 앉은 학생들이 서로 자리를 바꾸어야 한다. 이 틈에 술래가 앉으면 못 앉은 아이가 자연스럽게 술래가 된다. 하지만 "아니요."라고 대답하면 "어떤 이웃을 사랑합니까?"라고 다시 묻는다. 질문받은 학생이 "저는 양말 신은 사람을 사랑합니다."라고 대답하면 양말 신은 모든 아이가 자기 자리가 아닌 곳에 가서 앉으려고 일어나게 되고 이때를 틈타 술래가 빈자리에 앉으면 된다. 이런 식으로 몇 번 하다 보면 자리가 섞인다.

'바람이 분다'도 같은 맥락이다. 원을 만들고 자리가 없는 술래가 가운데에서 "바람이 분다, 바람이 분다, 이름이 '김' 씨인 사람들 바람이 분다."라고 하면 김 씨 성을 가진 아이들이 자기 자리가 아닌 곳으로 가서 앉아야 하고, 이 틈에 술래가 앉고 못 앉은 아이가 술래가 된다. 이것도 몇 번 하면 아이들이 섞인다.

이렇게 섞인 상황에서, 한 방향으로 쭉 가면서 1~6까지 번호를 붙이거나, 아이들이 화장실에서 들을 수 있는 한 글자 소리를 말하도록 해서 반복해서 말하면 된다. "똑, 쉬, 응, 웩, 쏴, 윙" 등 소리대로 돌아가면서 말하고 같은 말을 하게 된 순서의 아이들끼리 모둠을 구성하면 된다.

아이들에게 모둠을 구성한 후, 순서를 정하게 한다. 칠판에 화이트보드나 허니컴보드를 붙여 놓는다. 아이들은 모두 칠판을 보고 앉고, 맨 뒷사람만 뒤를 보고 선다. 교사인 내가 맨 뒤로 가서 서 있는 아이들을 오도록 한다. 미리 작성한 낱말 카드 헐크, 아이언맨, 닥터 스트레인지, 좀비, 짱구, 나무, 매미, 잠자리, 화장실, 김밥, 휴대폰 등등를 아이들에게 보여 주면 아이들은 바로 앞사람 어깨만 툭툭 쳐서 자신을 바라보게 한 후 마임으로 낱말을 표현한다. 전달한 아이는 앉아서 뒤에 서 있는 나를 보고 기다리고, 말하는 아이는 바로 앞 아이에게만 성실하게 동작을 표현한다. 그러나 중간 과정에서 동작이 변하기 일쑤다. 뒤에서 그 장면을 바라보고 있노라면, 안타깝기도 하고 마지막에 전달받은 아이는 어떻게 반응할까 궁금해진다. 헐크가 근육맨으로 바뀌기도 하고, 화장실에서 괄약근에 힘주는 장면이 '분노'로 표현되기도 한다. 마지

한 줄씩 한 팀이 됩니다.　　　한 팀

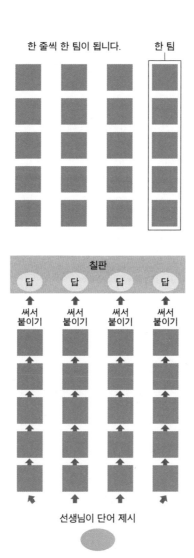

몸으로 전달해요 놀이 설명

막으로 들은 아이가 동작을 보며 상상할 수 있는 것을 칠판에서 화이트보드를 떼어 와 쓴 후 교사의 지시에 따라 칠판에 동시에 붙인다. 그래도 아이들은 마냥 즐겁다. 한 번 하고 자리를 바꾸는 기회를 주면 아이들이 진지하게 가장 유리한 순서를 찾으려고 노력한다. 제일 먼저 들어온 모둠이 10점, 그다음 8점, 그다음 6점으로 점수를 배분한다. 친구 설명을 듣기 전까지 즐거운 긴장감으로 웃음을 참으며 칠판을 바라보고 있는 아이들을 보노라면, 아직 놀고 싶고 뛰고 싶을 터인데 더 많이 움직일 수 있게 해주어야겠다고 생각하게 된다.

날아가는 양탄자

이것은 아이들 얼굴에서 웃음이 떠나지 않는 게임이다. 시간이 있으면 토너먼트로 하지만, 시간이 부족하면 두 팀씩 경기를 진행하면 된다. 예를 들어 1, 2조를 교실 뒤로 가서 순서대로 한 줄로 앉게 한다. 줄 맨 앞에 보자기를 대각선으로 놓고, 1번은 서 있고 2번은 보자기를 탄다. 아이들은 양탄자가 뭔지 궁금해하다가 보자기가 펼쳐지는 것을 보고 어이없어하면서도 기대감 가득한 표정을 보인다.

시작을 알리면 1번이 2번을 끌어서 칠판 앞까지 와서 터치하고 다시 끌고 돌아간다. 도착 후 1번은 맨 뒤로 가고, 3번이 보자기에 앉는다. 아까 타고 온 2번이 3번을 끌고 가서 반환점을 돌아서 오면 된다. 그다음은 2번이 맨 뒤로 가고, 3번이 4번을 끌고 다녀온다. 4번이 5번을 끌고, 5번이 6번을 끌며, 결국 6번이 1

번을 끌고 갔다가 일찍 도착하면 되는 것이다. 본 경기가 열리기 전의 시점으로 한 팀을 보여 주고, 자리를 잘 배치하라고 안내한다. 가끔 키가 작거나 덩치가 작은 아이가 반에서 가장 우량아인 친구를 끌면서 보자기가 움직이지 않은 적이 있다. 슬랩스틱 코미디도 아니고 나를 비롯해 아이들이 배꼽을 잡고 웃은 적이 많다. 아이들은 서로의 신체적인 정도를 가늠하면서 자리를 잘 정한다. 모둠의 점수가 달려있으므로 서로 신체적인 정도를 비교하는 것에 기분 나빠하지 않고 적극적으로 가늠하면서 순서를 정한다. 덩치가 좀 있는 아이들은 끌고 갈 때는 유리한데, 보자기에 타서 갈 때는 불리하다. 하나가 좋으면 하나가 나쁜 것, 그래서 인생은 공평한가 보다. 두 개 팀이 겨루는 것을 보면서 아이들은 응원도 하고 관람하면서 동시에 순서 정하기 전략을 다시 정비하기도 한다.

여섯 모둠이므로 세 팀이 선정되고, 시간이 없으면 세 개 팀에 똑같은 점수를 준다. 시간이 있으면 세 개 팀이 서로 겨루어 우승 순으로 점수를 부여할 수도 있다. 이 게임은 어릴 때나 겨울 눈썰매 말고는 이렇게 친구 힘으로 이동하는 게임이 드물어서 아이들이 매우 즐거워한다. 어릴 적 혹시 장난기 있는 부모님이 이불에 나를 놓고 끌어 주던 생각이 날 수도 있다.

하지만 이 게임에서 조심할 점은 충분한 공간을 확보해야 한다는 것이다. 교실에서 책상과 의자를 복도로 빼거나 아니면 세 면으로 밀어붙여서 공간을 확보해야 하는데, 경기가 과열되면 속도가 붙어서 아이들이 성급하게 끌고 가다가 교단 근처 모서리에 부딪칠 수도 있기 때문이다. 따라서 충분한 공간을 확보한 후에 모서리 있는 곳은 안전하게 치우거나 교사가 서 있어서 아이들이 다가오지 못하게 미리 막아야 한다.

예전에 이 게임을 하다가 한 아이가 부딪혔는데, 이마 근처에 멍이 들어 얼마나 놀랐는지 모른다. 아이는 괜찮다고 하는데, 멍든 곳이 좀 붓는 것 같아, 계속 살펴보면서 경기 진행을 했다. 쉬는 시간이 되자마자 보건실로 데리고 가서 응급처치 후, 담임 선생님께 말하고, 담임 선생님은 사진을 찍어서 학부모님께 수업 중 활동하다가 부딪혔고, 응급처치는 했고, 보건 선생님이 괜찮다고 했으며 아이도 별 이상 없다고 전했다. 물론 죄송하다고 말씀도 드렸다. 다행히 학부모님이 이해하셨고, 별일 없이 지나갔다. 사실 활동을 하다 보면 순간적으로 작은 사고가 날 수도 있다. 그럴 때 응급처치를 신속하게 하는 것이 중요하고, 학부모에게 상황과 처치를 알리는 것도 빨리해야 한다. 활동 수업에서는 안전을 챙기는 것이 중요하다.

날아가는 양탄자

다른 몸, 같은 포즈

예전에는 팔씨름으로 교사인 나와 겨루어서 이기는 아이가 많은 모둠이 이기는 것으로 했는데, 각자 최선을 다하는 것을 좀 더 시각적으로 나타내는 것이 좋아서 '다른 몸, 같은 포즈'로 이름을 정해서 세 번째 협동 게임을 진행했다.

모둠이 옆으로 쭉 선다. 눈을 감고, 교사가 말하는 것을 동작으로 나타내는데 정지 자세조각상로 나타내는 것이다. 예를 들면, 교사인 내가 '야구'라고 말하면 아이들은 눈을 감은 채로 동작을 시작하고, '그만' 하면 그 동작에 멈추라고 한다. 그 후 눈을 떠서 서로 얼마나 마음이 맞았는지 확인한다. 대여섯 명이 모두 똑같은 자세를 취하기는 사실 어렵다. 그래서 절반인 서너 명 정도의 자세가 같으면 점수를 부여한다. '야구, 축구, 배드민턴, 탁구, 골프, 농구, 발레, 태권도, 피겨' 등 스포츠로 하기도 하고, '빨래하기, 요리하기, 공부하기 등등' 생활 속 패턴, '김연아, 손흥민, 유관순, 이순신 장군' 등 인물을 말하기도 하는데 짱구 등의

다른 몸 같은 포즈

만화 속 캐릭터, 스파이더맨, 타노스, 아이언맨 등을 말할 때는 아이들에게 상상력을 불러일으킨다.

그러나 내 상상력만 중요한 것이 아니라 친구의 상상력과 일치되어야 하는 것이라서, 보편적인 특징을 잡아 표현하려고 애쓰는 조망수용 능력도 생기는 것이다. 나 혼자만 독특한 행동을 하면 아이들과 합이 맞지 않아서 우리 모둠에 불리하다. '친구들이 무슨 동작을 할까?' 생각하면서 모두 인정하는 동작을 찾으려고 노력한다. 협동 게임에서 상대를 이해하려는 노력이 필요함을 이해하게 되는 것이다.

이 외에 단순하지만 아이들이 몰입을 잘하는 게임으로 숟가락으로 탁구공 나르기와 머리 위로 풍선 나르기 등이 있다. 간단한 물품으로 할 수 있는 협동 게임은 교사의 창의력에 따라 다양하게 진행할 수 있다.

특히 탁구공 나르기를 할 때 아이들은 여러 가지 딜레마에 빠진다. 탁구공을 가다가 떨어뜨렸을 때 주워서 선생님에게 반납하고 새 탁구공을 숟가락에 얹어서 가야 하는데, 급한 마음에 떨어진 지점에서 숟가락에 올려서 뒤로 넘기려는 유혹을 느낀다. 이런 모습을 처음 목격했을 때는 정의로움에 예민한 에니어그램 1번 성격답게 실망하면서 경기를 중단시키거나 그 팀에게 다시 가서 이것은 무효라고 얘기하며 탁구공을 가져왔다. 하지만 규칙을 어기는 행동은 아이들도 예민하게 인식한다. 자신들이 부정한 방법으로 이겼을 때라도 마음 한편에 불편함을 갖는다. 그것을

탁구공 나르기

풍선 전달하기

후벼 파며 잘못을 드러내 수치심을 주는 것은 별로 바람직하지 않다. 차라리 규칙을 잘 지킨 팀을 돋보이게 한다.

"선생님이 쭉 지켜보았어요. B팀이 안타깝게도 많이 떨어뜨려서 꼴찌가 되기는 했는데, 선생님은 점수를 1등과 같이 주고 싶습니다. 왜냐하면 규칙을 끝까지 지키는 모습이 너무 멋졌거든요."

이런 나의 말에 애초에 주기로 하지 않은 것인데, 갑자기 이런 점수를 주는 것은 부당하다는 말도 나온다. 이런 경우 아이들과 점수에 대해서 조율하는 대화를 할 수 있고, 이런 갈등 중재가 불편하면 애초에 규칙을 유독 잘 지키는 팀의 경우 심판자로서 일정 점수를 부과할 수 있다고 알린 후 경기할 수도 있다.

탁구공 나르기 게임의 두 번째 딜레마는 탁구공을 떨어뜨리는 친구에게 불편한 감정을 바로 표현해야 하는가다. 이기고 싶은 마음에 실수하는 친구에게 과하게 짜증 내거나 비난하는 경우가 있다. 누구든 잘하고 싶어 하고, 일부러 그런 것도 아닌데 비난받으면 상처를 입을 수밖에 없다. 게임을 하기 전에 이 점에 대해서 충분히 이야기해야 한다. 아울러 서로를 존중하고 이해하는 분위기가 게임에서 이기는 자체보다 더 중요함을 알리고 친구를 비난하지 않겠다고 선서하고 시작하기도 한다.

게임 도중에 이해심 있는 아이도 발견할 수 있다. "괜찮아, 괜찮아. 다시 하면 돼, 자 얼른!" 하며 친구들을 이해하고 독려하는 리더십 있는 아이가 게임 과정에서 등장한다. 이런 아이를 발견할 때면 나도 모르게 미소가 지어지며 눈여겨보게 된다. 게임을 통해 아이들은 더 큰 마음의 파도와 그 파도를 잠재우는 이성과 감성을 배우게 된다.

수업 활동 _ 온라인에서 하는 협동 게임

코로나 대유행 시대가 되면서 오프라인에서 하던 활동을 온라인에서도 하는 경우가 많다. 미리 온라인용으로 짜 놓을 수도 있지만, 오프라인 수업으로 구성했는데 갑자기 '코로나 확진자'가 나와서 학급 또는 학년, 학교 전체가 온라인 수업으로 전환하는 경우가 발생한다. 그 어느 때보다 교사의 수업 문제 해결력, 적응력, 순발력, 창의력 등이 많이 요구된다. 진로 및 인성교육을 담당하는 나로서도 이런 상황에서 벗어나지 못했다. 협동 게임은 그야말로 게임인데 쌍방향 온라인에서 가능한가 고민하기 시작했고, 그 결과 쉽지만 재미있는 온라인 게임을 구성할 수 있었다.

우선 쌍방향 온라인 수업에서 모둠을 구성한다. 교사가 미리 모둠을 구성할 수도 있고, 이름 앞에 번호를 써서 번호로 묶어서 소집단을 구성할 수도 있다. 가장 많이 쓰는 zoom에서 소집단을 구성한다면, 앞에서 말한 두 방법뿐만 아니라 무작위로 소집단을 정할 수 있다. 모둠을 구성한 후 쌍방향 온라인 수업에서 어떤 활동을 할 것인가 결정하는 것은, 다양한 온라인 도구를 교사가 어느 정도 알고 활용할 수 있는지에 따라 달라진다. 나의 경우는 오프라인에서 가끔 하는 게임들이 온라인에서도 가능한지 고민했다.

한마음으로 표현하기

텔레파시 게임이라고도 한다. 교사가 다양한 동작 표현 어휘를 가지고 있다가 한 모둠 당 두세 개씩 제시하면 된다. 해당하는 모둠은 눈을 감고 교사가 제시하는 단어를 듣거나 보고 나서 눈을 감은 후 동시에 동작을 취하고, 눈을 뜨고 서로를 확인한다.

태권도, 야구, 축구, 발레, 펜싱, 배구, 잠자기, 사랑하다, 샤워하기, 행복해요, 신나요, 무서워요, 슬퍼요, 화가 나요, 컴퓨터 게임하기, 요리하기, 발표하기…….

한마음으로 표현해요

1. 같은 모둠끼리 확인합니다.(다른 모둠들은 화면 끄기)
2. 선생님이 제시하는 단어를 보고, 눈을 감습니다. (머릿속으로 동작 생각)
3. 눈을 감은 채 선생님이 하나둘셋 하면 그와 관련된 동작을 합니다. 눈을 뜨고 동작을 확인합니다.
4. 같은 동작을 한 사람 수대로 점수를 부여합니다.

동작으로 전달해요

모둠에서 동작 표현을 잘하는 친구를 서로 추천해서 뽑는다. '동작으로 전달해요'와 '스피드 퀴즈'를 표현할 친구를 소회의실에서 3분의 시간을 주고 너덧 명이 모여 서로 협의하여 뽑도록 한다. 이러한 과정도 서로 이견을 조율하는 과정이기에 당연히 사회성 형성에도 영향을 미친다. 3학년의 경우 자신이 하겠다고 나서는 아이도 있고, 서로 하겠다고 투덕거리다가 가위바위보로 결정하는 모둠도 있으며, 게임에 이겨야 한다는 뚜렷한 목표 의식을 공유하면서 잘하는 친구를 서로 추천하는 경우도 있다. 어떤 경우든 아이들의 결정에 따른다. 그럼에도 불구하고 서로 조율이 안 되거나 서먹한지 이야기를 잘 안 하고 멀뚱대다가 전체 회의실로 나오는 모둠도 있다. 이런 경우 3분이나 주었는데 왜 뽑지 못했는지 나무랄 것이 아니라, "가장 번호가 빠른 사람이 합니다."라고 제안하는 것이 현명하다. 시간을 낭비하지 않게 하며, 아이들의 걱정을 빨리 줄여 주고, 답답함에 잔소리하며 마음 상하기보다는 문제 해결 방법을 제안하며 교사의 정신적 스트레스도 줄일 수 있다.

동작으로 전달해요

> 1. 같은 모둠끼리 확인합니다.(다른 모둠들은 음소거)
> 2. 모둠에서 한 명이, 선생님이 제시하는 단어를 보고, 동작으로 나타냅니다.
> 3. 동작을 보고 맞히면 됩니다.
> 4. 1분 안에 맞힌 수대로 점수가 올라갑니다.

스피드 퀴즈

교사가 미리 준비한 낱말을 한 모둠당 15개씩, 한 아이에게만 채팅으로 전달한다. 교사의 시작 안내와 함께 설명자로 뽑힌 학생이 채팅으로 전달받은 어휘를 제한된 시간 안에 설명하면 된다. 생각보다 잘하는 아이도 있고, 너무 어렵게 설명하는 아이, 어쩔 줄 몰라 하는 아이 등 다양하다. 이것을 설명하는 아이들을 보노라면 그 아이가 평소 얼마나 책을 읽었고 상식이 어느 정도인지 가늠할 수 있다. 교사가 미리 다양한 어휘를 준비해 두어야 하고 시간을 잘 체크해야 한다.

스피드 퀴즈

> 1. 같은 모둠끼리 확인합니다.(다른 모둠들은 음소거)
> 2. 모둠에서 한 명이, 선생님이 제시하는 단어를 보고, 설명을 합니다.
> 3. 설명을 듣고 맞히면 됩니다.

오프라인에서의 스피드 퀴즈

직소 퍼즐

온라인 학습 도구를 많이 다루어 본 선생님이 점점 늘고 있어서 이 게임 정도는 사실 쉽게 할 수 있다. 이것은 교사가 만들어 놓은 퍼즐 조각을 여러 명이 함께 맞추는 게임이다.

원본을 일단 생성한다. 그림 자료를 다운받아서 얼마든지 만들 수 있다. 이 원본을 조각 수, 방향, 바탕색을 달리해서 변형하여 링크를 만들 수 있다. 두 개의 버전으로 만들어 각 팀에 다른 링크 주소를 주면, 아이들이 링크를 타고 들어가 입장하여 친구들과 함께 온라인에서 퍼즐을 맞추는 것이다.

성별로 팀을 나누어서 하면, 재미있는 장면이 연출된다. 남학생들은 연신 "와, 와!, 야, 누가 내가 맞춘 거 옮기는 거야? 움직이지 말라니까!" 하면서 실시간으로 온라인에서도 티격태격하는 모습을 보인다. 이에 비해 대부분의 여학생 팀은 조용히 서로 옮기면서 남학생보다 더 빨리 맞추는 모습을 보일 때가 많다. 퍼즐이 다 맞춰지면 맨 마지막에 환호하는 장면이 나오고 자연스럽게 완성을 알린다. 이 과정을 마치고 아이들에게 활동하면서 어땠는지 자연스럽게 물으며 협동을 위해서는, 소통이 필요하며 자신이 맡은 일에 최선을 다하는 것이 소통을 위한 첫 번째이자 마지막 조건임을 이해하도록 할 수 있다.

직소 퍼즐

1. 선생님이 모둠에게 준 주소에 들어갑니다.
2. 협동해서 퍼즐을 맞춥니다.
3. 가장 짧은 시간에 협동해서 완성한 팀이 승리합니다.

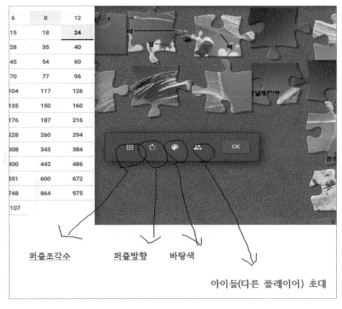

퍼즐 세팅하기

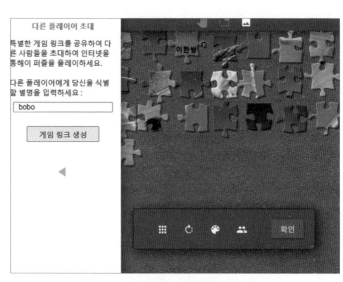

링크 생성하기

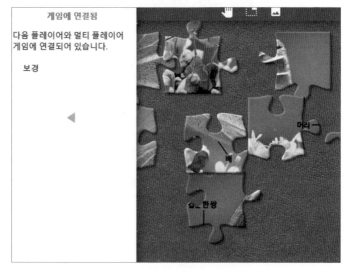

링크 타고 들어와 조각 맞추기

별것 아닌 협동 게임들이지만, 교사는 이 준비를 위해 노력해야 한다. 기획과 더불어, 단어 카드, 크고 넓은 보자기, 설명 ppt, 온라인 도구 등의 다양한 자료를 직접 제작해야 한다. 아이들을 잘 이해시키고 규칙을 인지시킨 후 조율하며 참여하게 하는 것도 필요하다. 정성은 들지만, 대부분의 아이가 몰입하는 놀이 수업이다. 협동은 내가 맡은 역할에 집중하면서 최선을 다하고, 친구들이 이해할 수 있도록 배려하며, 잘했든 못했든 친구들을 서로 격려하면서 함께 최선을 다하고 유대감을 키우는 것, 그것이 사회생활의 기본임을 게임 속에서 서서히 깨닫게 되는 것이라고 믿는다.

정리하기 _ 자기가 맡은 일에 최선을 다하는 것이 협동의 시작

협동의 의미 다시 생각하기

모든 게임을 하고 나서는 반드시 정리하는 시간이 필요하다. 수업 중 게임하는 이유는 이기고 지고를 가름하는 것이 아니다. 아이들이 활동 속에서 자신과 타인, 우리를 성찰하도록 안내하고, 활동 속에서 우리 마음에 숨어 있던 미덕들을 끌어내야 한다. 단순하고 좀 어설프지만_{오히려 이런 게임들이 아이들에게 인기가 많다} 게임을 한 후에는 아이들 스스로 협동이 무엇이고 왜 해야 하는지 함께 정리하는 것이 중요하다.

나는 아이들에게 협동 활동을 하기 전이나 한 후에 협동의 의미를 알려 준다. 협동이라는 말을 한자로 소개한다.

協 합할 협, 화합할 협 + 同 같을 동

여기서 '협'이라는 글자를 쓰며 아이들에게 묻는다.

"여기 '力 힘 력' 자가 세 개가 붙어 있죠? 그런데 왜 앞에 '三 석 삼'이 아닌 '十 열 십'이 붙었을까요?"

아이들과 대화하다 보면, 의도를 용케 간파하는 아이가 있다.

"세 명이 서로 힘을 합하면 세 명의 힘보다 더 큰 힘이 난다는 것을 말하나 봐요."

산술적으로 1+1이 2가 아닌 그 이상의 힘이나 효과를 발휘한다는 '시너지 효과'를 아이들 입장에서 이해하는 순간이다. 협동을 제대로 하면 놀라운 일을 경험할 수 있음을 익히 들어서 안다. 이것을 우선 글자로 풀이해서 알려 준다.

"아, 그럼, 협동은 힘과 지혜를 하나로 모으는 거네요. 합해서 하나가 된다?"

3학년 아이들이 협동이라는 한자를 익히도록 하는 것이 목적이 아니다. 협동의 진정한 의미를 이해하도록 하기 위해서 이렇게 글자로 뜻풀이하며 개념을 이해시키는 과정이 유용할 때가 많다.

"우리가 협동 게임을 했는데, 활동하면서 어떤 마음이 필요하겠다는 생각이 떠올랐나요?"

협동게임을 할 때 필요한 마음은 무엇일까요?
서로의 생각을 이해하고 귀 기울여 들어야 한다
실패했다고 다른 사람을 비난하지 않는다.
다른 사람들을 위해 열심히 한다.
서로를 존중해 주어야 한다.

협동할 때의 마음가짐 생각해 보기

아이들은 게임 중에 들었던 다양한 감정을 떠올리며 정리한다.

아이들과 협동에서 필요한 마음을 이야기하며 문득, 강신주 님이 소개해 주신 '미꾸라지 우화'《철학이 필요한 시간》, 사계절, 2011가 떠올랐다. 어떤 사람이 도를 얻으러 우연히 장에 갔다. 생선 가게 대야 속에서 서로 뒤엉키고 눌려 죽은 것처럼 움직이지 않는 '드렁허리' 속을 들여다보았다. 문득 그 속에 있던 미꾸라지가 갑자기 아래, 위, 앞뒤, 좌우로 쉬지 않고 생동감 있게 움직이자 죽은 듯 있던 드렁허리들이 몸을 움직이고 삶의 의지를 회복하는 모습을 보았다는 《왕심재전집》 속의 이야기였다. 왕간은 〈추선설〉이라는 이 이야기를 통해, 미꾸라지가 즐겁게 움직인 것은 드렁허리들을 동정하거나 보답을 바라고 한 행동이 아니라고 한다. 단지, 미꾸라지는 역동적으로 움직이고 싶은 자신의 본성에 충실한 것뿐이다. 협동에서 중요한 소통이나 상호 공감은 연민이나 보답을 바라는 마음에서는 절대 일어나지 않는다. 각자 자신의 자연스러운 삶을 가장 즐겁게 이어 나갈 때, 그러니까 미꾸라지가 자신의 본성인 '생동감 있는 행동'에 최선을 다해 즐겁게 움직일 때 저절로 소통과 공감을 하고, 서로 유기적으로 도우면서 자연스럽게 협동이 이루어진다는 것이다.

프로젝트나 어떤 활동을 다른 사람과 협력하여 수행할 때, 나의 선한 본성에 따라 최선을 다하다 보면 저절로 서로의 호흡이 맞고, 마음과 손발이 맞게 되는 것이다. 협동 게임을 하는 동안 아이들이 지금 당장 자기에게 주어진 활동 과제에 몰입하여 내가 할 수 있는 최선을 다하는 순간, 서로의 마음은 하나로 통하고 협동심을 경험하게 되는 것이다. 따라서 아이들에게 협동은 나보다 못한 타인을 배려하고 이해하려는 억지 노력보다는, 우선 자신이 맡은 일에 몰두해서 최선을 다하는 것이 더욱 중요하다는 것, 그래서 소통은 협력의 기본이라는 것을 다시 한번 강조한다.

'내가 속한 집단의 다른 친구들이 잘하건 못하건 평가하고 신경 쓰지 마라. 그냥 지금 주어진 과제에 최선을 다해서 즐겁게 참여하면 소통이 생기고 협동이 이루어진단다.'

협동별 뽑기

아이들에게 협동의 의미를 잘 알려 주는 것은 정말 중요하다. 하지만, 이것을 내면화하려면 구체적인 실천 방법을 알아보는 것이 더 필요하다. 추상적인 '협동'을 머리로 이해하고, 가슴으로 느끼는 것, 더 나아가 몸으로 직접 실천하기 위해 가장 좋은 방법은 친구들의 행동을 관찰하고 떠올리는 것이다. 이때 가장 좋

활동1. 우리 반 협동별

내가 생각하는 우리 반 협동별은?
어떤 행동 때문에 뽑았나요?

은 방법은 우리 반 친구들을 추천하도록 하는 것이다.

"우리 반에서 협동을 가장 잘하는 친구는 누가 있을까요?"

아이들은 공책에 열심히 협동을 제일 잘하는 친구를 쓴다. '협동'이라는 말이 추상적인지라 누구를 뽑아야 할지 난감해하는 아이도 있다. 그럴 때 예를 들어 주면 아이들은 쉽게 협동별로 추천할 만한 친구를 생각해 낸다.

"협동은 '으뜸 헤엄이'처럼 친구들을 도와 좋은 행동을 하도록 격려하고 도와주는 친구들이야. 예를 들면, 우리 반이 다른 반과 피구 할 때 자기에게 공이 오지 않더라도 최선을 다해서 친구들을 응원하고 참여하는 친구들이 협동별이겠지?"

온라인 수업 상황이라면 실시간으로 채팅창에 이름을 쓰고 어떤 점에서 추천했는지 올리도록 한다. 어떤 반은 아이들이 골고루 추천되기도 하고, 또 다른 반은 두세 명 아이에게 집중되기도 한다. 뽑힌 아이들은 가문의 영광이라고 칭찬해 주고, 뽑아준 아이들에게도 협동이 무엇인지 잘 이해하고 있다며 뽑는 활동에 잘 참여해 준 점도 협동이라고 격려한다.

"도희는 모둠 활동할 때, 친구들이 말이 없으면 용기 내어서 '이렇게 하자' 잘 이끌어요."

"은후는 지난번 줄다리기 할 때, 손이 까져라 열심히 하는 것을 보았어요."

"아람이는 규칙을 잘 지키면서 우리 반이 잘 돌아가도록 먼저 발표해요."

"재호는 친구들이 아플 때, 보건실에 잘 바래다주고 선생님 심부름도 엄청나게 잘하고 우리 반을 활기차게 만들어요."

"아린이는 모둠 활동할 때 조용하게 최선을 다해서 잘 참여해요. 모둠장이 하자고 하는 것을 끝까지 열심히 해내요."

3학년이지만, 선뜻 말하기 어려운 협동의 실천 모습을 잘 구현하는 것을 보면 무척 흐뭇하다. 조용한 아이는 조용한 대로, 활기찬 아이는 그 활기를 잘 이용해서 내가 속한 공동체를 위해 최선을 다하는 것, 그것이 진정한 소통이고 협동임을 아이들은 직관적으로 잘 이해한다.

활동 후 소감

나는 2회 날아가는 양탄자가
재미있었다. 친구들이 나를 끌수있을
까 생각을 했는데 잘끌어서 기분이
좋았다. 비록 이기진 못했지만
아주 아주 재미있었던 것같았
다. 몸으로 전달 해보드 이기진
못해도 재미 있었고,
협동 게임 할 때 (필요한) 마음도 지

메모1

킬 것이다요♡♡

활동 후 소감

十劦同 : 협동
(3명이 힘을 합치면 영명 만큼의
힘을 발휘 할수 있다는 걸
알게 되었다) 나는
우리반 협동 놀이 중 탁구공
나르기가 가장 재미 있었다.
우리 반 점수는 10점 만점의
10점이다 왜냐하면   협

마음별두드

동을 잘 했기 때문

활동 후 소감

나는 게임 중에서
탁구공 나르기가게임
재미 있었다. 왜냐하면
탁구 공이 한번
떨어졌지만 다들 열심히
해서이다. 우리 모둠의 점
는 10점 만점의 10점이다.
속으로는 답답했지만 답답
한마음을 표현 마음별두드럽
한지 않았기 때문이다.

활동 후 소감

서로의 마음을 더 잘 알게
되었고, 이 게임을 통해 더
친구와 더 친해진 것 같다. 가여에
잘 넘을 것 같고, 협동이란
하나가 모이면 10이 되고 100이
되어서 큰 힘이 된다는 것을
이 협동게임으로 알게 되었다.

활동 후 소감

자존감 수업 후에

부모와 함께 생각하는 관용과 회복

코로나 대유행을 겪으면서 이제는 마스크 쓰는 일상에도 익숙해졌고, 학교의 많은 행사가 코로나 이전처럼 진행되고 있다. '사스나 메르스, 신종 플루처럼 조용히 잦아들면 좋겠다', '어서 빨리 마스크도 벗고 싶다'는 생각을 한다. 사실 코로나 바이러스가 없어졌다기보다는 우리의 몸이 코로나 바이러스에 적응하고 대처하는 면역력이 생겼다는 것이 맞을 것이다. 코로나19와 3년간 동거하면서 다양한 사회적 변화가 있었다. 10년의 미래를 앞당겼고, 사회의 디지털화는 가속화되고 있다. 교사들은 이런 디지털 기기를 능숙하게 다루는 것을 넘어, AI를 수업에 적극적으로 활용하라는 요구를 받고 있다. 코로나에 대한 방역 관리, 온라인과 오프라인을 넘나드는 수업력에 이어, AI를 잘 이해하고 활용하는 것까지 3년간 사회가 원하는 교사상은 그야말로 '전천후 교사'다.

하지만 학교에서 근무하는 교사로서 체감하는 당장의 고단함은, 갈등 상황 속에서 겪는 심리적인 어려움이다. 자신을 중심으로 세상이 돌아간다는 자기중심적 사고, 조금의 불만이나 불편도 참지 못하고 상대방에게 바로 터뜨리는 사회적 분위기는 학교에서도 그대로 나타난다. 무엇이라 명명하기 어려운 이 흐름을 굳이 표현한다면, '관용너그러움의 실종'과 '회복의 지체'가 아닌가 싶다.

관용의 실종

코로나 대유행이 3년째 접어들면서 학교에서는 마스크를 쓴 채 학교생활이 이루어지는 것 외에는 모든 게 일상을 되찾았다. 쉬는 시간을 단축하고, 점심시간 없이 6교시를 내리 강행하던 수업은 이제 코로나 이전으로 돌아갔다. 특히 학교에 시종 음악이 울려 퍼지기 시작한 것이 '학교의 모습'을 회복한 상징과도 같다.

"요즘 너무 신나요. 학교 종소리를 들으니까 신기하고 재미있어요."

'시종 알림 노래가 재미있다고?' 의아해하다가 생각해 보니, 3학년 아이들은 입학 후 처음 학교 종소리를 듣는 입장임을 깨닫고 슬며시 미소가 지어졌다. 이 종소리는 수업에 대한 기대감이라기보다는 쉬는 시간과 점심시간에 대한 것을 상징한다. 학교에서 친구들과 노는 시간이 생기니 얼마나 신날까 싶다.

하지만 긍정적인 상황과 달리, 아이들 사이에 교류하는 시간이 늘면서 갈등도 폭발적으로 증가하고 있다. 미디어를 통해 걱정스럽게 제기되는, 코로나 대유행으로 인한 학습 격차 이상으로 정서 및 사회성 발달에 지체를 겪는 아이들이 상호작용하다 보니 갈등이 더 늘고, 확장되는 것은 어쩌면 당연할 것이다. 문제는 이것이 학교폭력 신고 증가로 이어지고 있다는 점이다. 초등학교에서 일 년에 한두 번 일어날까 말까 하는 학교폭력이 이제는 수시로 일어나고, 심의기구를 거쳐 교육청 학교폭력대책위원회로 넘겨지는 사안도 늘고 있다. 소문에 의하면 내가 근무하는 특례시에서 1학기에 교육청에 넘겨진 사안이 800건이나 된다고 한다. 초등학교에서도 위기관리위원회와 학생생활교육위원회예전의 선도위원회, 학교폭력심의기구 등이 종종 열린다.

학교 입장에서는 피해 관련 학생의 입장을 충분히 헤아리고 회복하도록 도와야 하는 것이 맞을 것이다. 그리고 가해 학생에게도 자기 행동을 진심으로 반성하고 올바른 행동을 하도록 학교가 교육하고 선도하는 책무를 갖는다. 그러나 학생 뒤에 있는 학부모는 학교를 믿고 "우리 아이를 잘 지도해 주세요."라고 부탁하지 않는다.

피해 학생의 학부모는 "그 아이를 어떤 방법으로든 처벌해 주세요", "그 아이를 전학 보내 주세요."라는 법적 제재를 요구하고, 가해 학생의 학부모는 "아이가 그럴 수도 있지요. 반성할 테니 생기부에 기록 안 되게 해 주세요."라며 학교가 아이를 두둔하기를 원한다. 이런 바람을 바탕으로 학교를 다양한 방법으로 흔든다. 이것이 잘 받아들여지지 않는 느낌이 들면, 변호사를 데려오겠다며 '법적 투쟁'을 예고하거나 원하는 대로 빨리 일 처리를 하지 않는다면서 방임이나 아동학대로 신고하겠다고 으름장을 놓기도 한다. 이런 협박이나 경고를 들으면 예전에는 가슴이 철렁했지만, 지금은 걱정이 되더라도 그러려니 하며 무기력감이 밀려온다.

피해와 가해는 분명 원하는 바가 대척점에 있지만, 둘은 공통점이 있다. 어떤 입장에서든 내 아이가 조금의 억울함도, 조금의 불안도 느끼지 않았으면 하는 '심리적 결벽증'이다. 청결에 대한 강박인 '결벽증'처럼 우리 아이가 조금이라도 불편해하는 것을 부모는 참지 못한다. 바닥에 티끌이 조금이라도 떨어지면, 손에 뭐라도 좀 묻으면 못 참는 조급한 강박의 마음이 아이를 기르는 과정에 그대로 드러난다. 물론, 우리 아이가 심리적으로 상처를 입을까 두려워하는 그 마음은 이해한다. 하지만 이런 과도한 불안과 강박적인 조급함은 결국 상대의 입장도 헤아리고 같이 아이 키우는 입장에서 너그럽게 바라보는 것을 어렵게 한다. 이런 근시안적인 태도는 아이들이 자신의 갈등을 스스로 극복하는 힘을 약화하는 결과를 가져온다.

학교심의기구를 통해 학교장종결사안으로 처리하고 개별 상담 후 집단 회복서클을 하며 화해하는데도 만족하지 못하고 교육청에 반드시 넘겨서 벌을 주겠다는 전화를 하는 학부모를 볼 때면 마음속으로 안타까움을 넘어서 미간이 찌푸려진다. '교육청으로 넘어가도 1호인 서면사과 또는 해당 없음으로 나올 텐데…… 그 후 상대 아이도 그 서운함에 피해 입장으로 또 신고하고, 그럼 교육청 가서 한 번은 피해로 한 번은 가해로 진술하

느라 들락거려야 하는데, 그것이 과연 누구를 위하는 걸까?'

나의 책 《트라이앵글의 심리》양철북, 2018에도 썼지만, 피해자를 위해 다양하게 개입해야 한다. 에너지와 힘이 없는 피해자의 편에서 지지하고 위로하며 아이의 자존감이 다시 세워지도록 도와주고, 나아가 심리적인 힘을 기를 수 있도록 교육하는 과정이 꼭 필요하다고 늘 생각한다. 하지만 최근 너무나 자주 일어나는 '심리적인 결벽증'에 의한 부모들의 과도한 신고나 요구를 대할 때면 생각해 본다. 그렇게 조금이라도 아이를 불편하게 한다고 모두 다 학폭으로 처리하고 접근 금지하면 같이 놀 아이가 몇 명이나 될까? 친구가 한두 마디 한 말이 불편하다고, 어떤 아이가 좀 놀린다고, 어떤 아이가 나를 살짝 때렸다고 말할 때마다 모든 것을 학폭으로 처리하라고 요구하면, 학교는 조사와 서류 작성, 절차대로 진행하느라 정작 아이들의 교육상담이나 화해 과정은 생각도 못 하게 된다.

부모들이 아이 이상으로 불쾌감과 두려움, 복수심을 느끼는 것 같다. 아이가 교사와 상담하면서 마음을 위로받고, 가해 학생에게 교사의 도움을 받아 "그런 행동은 하지 말라."고 당당하게 표현하면서 의연하게 잘 지내는데도, 부모는 갈 데까지 가 보자는 심정으로 학교에 계속 무리한 요구를 한다. 그런 부모를 볼 때면, 부모가 바라는 것이 과연 자녀들의 진정한 회복인가 의아하다.

가끔은 부모가 자신의 학창 시절 트라우마를 아이의 일에 투사하는 것이 아닌가 하는 생각이 들기도 한다. 이런 투사는 사건의 본질을 왜곡하게 된다. 왜곡의 모습이 느껴지고 얼마든지 말을 할 수 있지만, 그것을 전달할 방법은 학교 상담실의 전문적인 상담자가 아니면 어렵다. 전문적인 상담실이 있는 곳도 있지만, 대부분의 학교는 없다.

부모의 과도한 요구와 협박성 발언, 여론몰이는 교사가 교육적 신념을 접게 하고, 진정한 교육 실천을 위축시킨다. 이 위축은 냉소로 이어지고, 직업인으로서의 교사 이상도 이하도 아니라는 비난을 받으면서도 감정의 동요를 별로 못 느낄 정도로 무감각해지게 만든다. 학교에 대한 과도한 간섭과 침해는 결국 교사의 효능감을 떨어뜨리고 무기력한 분위기를 만든다. 이것은 공교육의 질적 저하를 가져오고, 아이의 성장에 대한 교사의 진정한 헌신은 점차 옅어진다. 학교 안에서 "열심히 하면 교사 생활을 오래 할 수 없다.", "월급만큼만 일해라."라는 자조 섞인 말은 최근 더 자주 떠도는 것 같다. 관용의 실종은 학교에도 상처를 주며, 교사의 좌절과 무력감을 키운다.

애착만큼 중요한 심리적 독립, 탈착

이런 현실에서 일말의 희망을 품고 바라는 것은 학부모가 아이와 자기 일을 분리해서 생각했으면 하는 것이다. 우리는 태어나면서 '애착attachment'을 형성하며 인간에 대한 신뢰감을 느끼고 세상을 살아가는 힘을 부모로부터 받는다. 최초의 사회적 관계인 부모와의 유대감, 즉 애착은 평생의 대인관계를 좌우하기에 안정적으로 형성되어야 한다. 그러지 못하면 다양한 성격적인 문제나 정서적인 괴로움에 시달릴 수 있다. 그러나 애착과 더불어 더 중요한 것은 '탈착detachment'이다. 부모와 자녀 간에는 심리적인 독립이 이루어져야 한다. 어릴 때 아장아장 기던 아이가 엄마가 나를 뒤에서 든든히 지키고 있다는 믿음이 생기면서 주변에 대한 호기심으로 탐색을 시작한다. 엄마에게서 점점 멀어지면서 앞으로 나아가고, 이 과정에서도 엄마가 있는지를 확인하지만 신난다는 얼굴로 엄마와 멀어지는 전진을 한다. 이 과정에서 엄마가 등대처럼 지키고 있다는 태도와 아이의 독립적인 행동에 보여 주는 미소와 응원은 매우 중요하다. 여기서 기다리고 있을 테니 갔다가 다시 오면 된다는 긍정적인 신호는 아이에게 자신감을 주고, 심리적인 독립의 첫발을 건강하게 떼는 경험을 부여하는 것이다.

기기 시작하면서 나타나는 심리적인 독립detachment은 네 살, 일곱 살에 이어 열한 살부터 서서히 나타나기 시작하여 대부분 중학생 때 정점을 찍는다. 4~7세 때는 떼쟁이가 되어 행동하고, 사춘기 때는 부모의 가슴을 후벼 파는 반항적인 독립의사를 보이는 것이다. 마치 독립투사가 된 듯이 자신의 영역에 부모가 들어와서 참견하지 못하도록 하려는 것이다. 이것은 인간이 성장해 가는 과정에서 달성해야 하는 '탈착'의 순간이기에 부모로서 참고 기다릴 수밖에 없다. 하지만 아이의 이런 독립성을 외적, 내적으로 눌러 과도한 품 안의 자식으로 만드는 예도 있다. '캥거

루족', '헬리콥터 맘'과 같은 말이 이런 상황을 대변한다. 이를 넘어서 자녀를 나의 어릴 적 꿈을 대신 이룰 아바타처럼 관리하는 부모도 보인다. 이런 관계는 건강한 관계가 아니다.

'가족체계 이론'에서도 서로의 심리적인 경계를 침범하여 지나치게 연결된 '융합'의 관계는 자녀의 부적응 행동을 일으킨다고 한다. '아이의 인생은 아이의 인생'으로 인정하고 친구와의 관계에서 학교폭력과 같은 심각한 사안이 아니라면, 스스로 해결해 나가도록 코치하는 정도가 바람직하다. 아이의 미래는 아이 스스로 살아가야 한다. 부모가 대신 살아 줄 수 없기에, 부모가 함께 있을 때 독립적으로 사고하고 행동하는 기회를 줄 필요가 있다.

이런 생각으로 아이를 대한다면, 아이가 친구들과 갈등을 겪거나 좀 싸우더라도 스스로 해결책을 찾을 수도 있다는 믿음으로 여유를 갖고 물론 애가 탈 수도 있겠지만 지켜볼 수 있을 것이다. 단순한 방관이 아니다. 아이가 고민이 있을 때는 들어 주고, 감정의 소용돌이로 힘들어하면 감정을 읽어 주고 공감하면서 여러 가지 대안을 생각하고 선택해서 실천하고 행동하도록 한다면, 아이는 자기 인생의 주인공으로 살 수 있을 것이다. 물론 사회적인 규범에 대한 수용과 타인의 경계를 존중하고 넘지 않는 분별력은 떼쟁이인 일곱 살 전후로는 반드시 가르쳐야 한다. 이런 기본적인 틀 속에서 아이들은 자유롭게 주변을 탐색하고 새로운 관계를 만들고, 유지하고, 또 깨기도 하는 것이다. 부모의 일방적인 사랑의 틀에서 벗어나 동등한 관계로 친구들을 사귀는 과정에서 이런 자기중심성이나 고집은 점차 극복하고 타인의 입장을 보는 시선과 배려심이 길러진다.

우리 아이에게 심리적, 발달적인 미숙함이 있듯이 상대 아이도 그러하다. 이것을 법적으로 처리한다고 그들이 엎드려 잘못을 빌고 깊이 뉘우치는 것이 과연 가능할까? '반성의 역설'이라고 자기 잘못을 깊이 생각하고 그 이유를 탐색하기 전에 강경한 대응으로 두려움을 주면 깊은 반성보다는 모면하려는 면피성 반성을 할 수밖에 없다. 아이들 사이의 갈등이 너무나 쉽게 어른 싸움으로 번지는 요즘이다. 내 아이가 그러하듯 상대 아이도 미숙하고 그럴 수 있음을, 내 아이가 행복해지려면 주변 아이도 행복해야 함을 생각하면서 좀 더 너그럽게 바라보는 관용의 마음이 있었으면 한다. 그리고 이 과정에서 내 아이를 믿고 친구와의 갈등을 해결하도록 바라보고 긍정적인 행동을 하도록 격려해 주는 신뢰와 용기가 있었으면 한다.

회복의 지체

발달과정이 비슷하고, 따라서 정서적으로 부족한 부분이나 바라는 점도 비슷하기에또는 다르기에 친구들 사이에 갈등이 있게 마련이다. 가끔은 신체적인 생채기나 내면적인 상처를 받을 수도 있다. 이 상처가 폭력적이고 크다면 당연히 부모나 교사가 개입해야 한다. 하지만 하루에 수도 없이 이루어지는 상호작용 속에서 내 아이가 상처 입는 모든 것을 일일이 펼쳐서 완전무결하게 해결하고 완벽하게 상처를 없앨 수는 없다.

요즘 아토피나 알레르기 환자가 많다. 내 아이도 그렇다. 여러 가지 이유가 있지만 결국 면역력이 떨어져서 그렇다. 어릴 때부터 면역력을 높이는 방법은 아이러니 하게도 다소 더러운 환경에서도 살아 보는 것이다. 지구상에 존재하는 다양한 바이러스에 우리가 일일이 예방주사를 맞거나 약을 먹을 수 없는 대신, 조금씩 노출되다 보면 몸에 면역체계가 형성되는 것이다. 따라서 엄마가 청결에 대한 강박으로 너무 깔끔하게 아이를 키우는 것, 먼지 하나 없는 극한의 청결 구역에서 아이를 키우는 것은 평범한 아이들에게는 오히려 도움이 안 된다는 것이다.

마찬가지로 아이가 사회성과 정서 발달을 이루는 과정도 비슷하다. 학교생활이 시작되면 다양한 문화 속에서 자란 타인이 서로 만나는지라 당연히 갈등이 생기고 상처를 입을 수밖에 없다. 오늘 하루 가만히 돌이켜보면 누군가의 사소한 눈빛 하나가 마음에 걸리기도 하고, 믿었던 누군가가 나에 대한 안 좋은 소리를 한 것을 알았거나, 내 의견을 깔아뭉개는 일을 겪기도 하며 다양한 상처를 입는다. 크고 작게 입는 상처가 마음에 생채기를 내는 것은 맞지만, 그 상처가 크지 않으면 그냥 저절로 새살이 돋으리라 믿으며 참고 기다려보는 때도 많다. 그러다 보면 마음 근육이 단련되고 맷집이라는 것이 생기는 것 같다. 이것을 '회복 탄력성'이라고 한다.

회복 탄력성Resilience이라는 용어는 에미 워너Emmy E. Werner

교수가 말한 심리적인 힘이다. 하와이 카우아이섬에서 30년간 종단 연구를 통해 워너 교수가 주목한 사람들은 3분의 1이다. 이루 말할 수 없이 열악한 환경에서 태어났어도 역경을 극복하고 평범한 사람 이상으로 행복하고 성공한 삶을 사는 그들에게 '회복 탄력성'이라는 내적인 힘이 있었다. 즉 역경의 순간에 유리공처럼 깨지는 것이 아니라 고무공처럼 다시 튀어 오르는 내적 탄성력을 사진 사람들이다. 이런 회복 탄력성은 그들 곁에서 아이를 이해와 수용, 지지로 사랑해 준 누군가가 한 명이라도 존재하기에 가능했다는 것이 워너 교수의 연구 결과다. 다문화 가정, 계부 밑에서의 삶, 인종차별, 학창 시절의 방황으로 힘들었지만 결국 존경받는 미국 최초 흑인 대통령이 된 버락 오바마나 사생아로 태어나 마약중독, 성폭력 등 온갖 몹쓸 일을 겪었지만 결국 가장 유명한 토크쇼 진행자가 된 오프라 윈프리는 회복 탄력성의 대표적인 본보기다.

김주환은 《회복탄력성》이라는 책에 정신적인 저항력, 스트레스에 대한 면역성, 자원 활용 능력, 역경 변환 능력, 극복과 적응, 성장 능력으로 세분해서 설명했다. 회복 탄력성이 높은 사람은 자기 조절이나 대인 관계 능력이 우수할 수밖에 없는데, 이 둘을 지배하는 주요 힘은 '긍정성'이다. 이 긍정성은 자아 낙관성, 생활 만족도, 감사하기로 구성되어 있다. "가난했기에 《성냥팔이 소녀》를 쓸 수 있었고 못생겼다는 놀림을 받았기에 《미운 오리새끼》를 쓸 수 있었다."라는 안데르센의 말은 자신의 어려움이나 역경을 디딤돌로 이용하는 회복 탄력성의 힘을 알려 준다.

오프라인뿐만 아니라 온라인에서도 다양한 스트레스와 갈등, 어려움을 겪는 빈도가 증가하고 있다. 사회가 긍정적인 분위기로 정화되도록 사회 구성원 전체의 노력이 필요하지만, 코로나 3년을 겪으며 사회경제적인 상황뿐만 아니라 사람들의 내면마저도 황폐해진 것 같다. 이 상황에서 아이가 겪는 심리적인 어려움을 처벌주의나 법으로 해결하려는 부모의 심리는 분명 서로의 연결이 끊어지면서 마음에 찬 불신과 불안 때문일 것이다. 하지만 아이의 심리적인 맷집을 키우기 위해서는 작은 흔적 즉, 아이가 입은 작은 상처도 참지 못하고 없애 버리려는 심리적 강박증에서 벗어나야 한다.

'상처는 이미 겪고 말았다, 그리고 이 상처는 누구나 겪는다, 중요한 것은 떨어진 아이의 자존감을 다시 높이도록 하는 것이다, 그리고 아이는 극복할 수 있을 것이다.'라는 생각을 다짐처럼 되뇌면 좋겠다.

나는 아이가 둘이다. 첫째가 아기일 때 딸꾹질할 때는 어쩔 줄 몰라 하면서 육아서를 찾아보고 당황과 걱정에 휩싸였다. 따뜻한 물을 준비한다, 따뜻하게 해 주어야 한다고 허둥대며 조급해했다. 아이는 그런 나의 행동을 맨 처음에는 재미있다는 듯 보다가 엄마가 불안한 행동을 보이니 울기 시작했다. 초보 엄마의 당황함에 딸꾹질이 오히려 트라우마가 될 수도 있었겠다 싶다.

둘째가 같은 시기에 같은 행동을 보였을 때는 "뭐, 조금 있으면 그칠 텐데." 하고 여유를 부리면서 심지어 "여보, 딸꾹질이 계속이네. 좀 아이 좀 안아 봐요." 하며 남편에게 맡기기까지 했다. 아빠와 장난을 치며 까르르 웃으면서 딸꾹질하는 모습이 귀여웠다. 조금 불편해했지만 따뜻한 물도 조금 먹이고 아빠가 품에 안고 있으니 몸이 따뜻해지며 어느덧 멈췄다.

친구들과의 갈등에서 상처 입은 아이에게 보일 수 있는 '딸꾹질'은 분명 부모에게는 걱정스럽고 놀라운 일이다. 하지만 커서 딸꾹질이 일어날 때는 자신이 스스로 방법을 찾고 멈추려고 하는 것처럼, 대인관계에서 오는 심리적 불편감도 아이가 스스로 제어하며 견딜 수 있도록 어릴 때부터 안내하고 믿고 지켜봐 주어야 한다. 인생은 상처의 연속이다. 내가 상처를 주기도 하고 타인으로부터 받기도 한다. 그런데도 우리는 서로 어울려 사는 존재이기에 계속 상호작용을 하며 살아가는 것이다.

관용의 마음으로 아이들의 발달을 지켜보는 것, 아이들이 회복 탄력성 키우도록 도와주는 것은 평생의 심리적 자산을 키워 주는 중요한 교육임을 다시 한번 생각해 본다.

3학년 인성 수업 소감문

가장 마음에 남는 책을 선택하도록 하였다.

전체 수업에 대한 소감을 쓴 학생들도 있었다. 다른 어떤 선물보다 아이들이 써 준 진심이 담긴 소감이 나에게는 가장 큰 행복감을 준다. 이런 행복감에 계속 다양한 수업 내용과 방법을 고민하는 것 같다. 가끔은 말귀를 잘 못 알아듣는 사오정 같지만, 솔직함과 진지함이 공존하는 재미있는 3학년 아이들과 수업하는 것도 즐겁다.

소감1.

동생들아, 안녕 난 3학년 ○○○이야. 난 책들 중에서 《보이지 않는 아이》가 제일 기억에 남았어. 줄거리는 브라이언이라는 투명 인간처럼 친구들이 무시하는 아이가 있는데, 저스틴이라는 아이가 오고, 점차 투명 인간이 아닌 색이 보이는 평범한 아이가 되었어. 난 너희가 너희 반에 브라이언 같은 아이가 있으면 저스틴같이 친구들을 차별하지 않고 다

같이 놀면 좋겠어.

소감 2.
난 《뭐든지 할 수 있어!》가 좋았습니다. 왜냐하면 프랭크가 뭐든지 할 수 있는 희망을 가지고 노력하는 모습이 인상적이었습니다.

소감 3.
동생들아, 난 《으뜸 헤엄이》 책을 추천해. 왜냐하면 《으뜸 헤엄이》를 보면 협동이 좋다는 것과 특별해도 괜찮다는 것도 알 수 있어.

소감 4.
난 《돼지책》이 제일 재미있었다. 엄마가 모든 일을 하니까 불쌍했다. 우리 엄마는 《돼지책》의 엄마처럼 일만 하지 않는 엄마가 됐으면 좋겠다는 생각이 들었다.

소감 5.
동생들아, 《부루퉁한 스핑키》가 재미있어. 진짜 꿀잼 가족이야. 스핑키에게 잘해 주는 게 좋으면서 얄미워. 그걸로 가족에 애정이 생길걸.

선생님, 저는 (보이 않는 아이)가 가장 재밌었어요. 이 책은 생각할 게 많은 것 같아요. 브라이언이 친구가 없는 것이 불쌍하기도 했고, "투명인간 브라이언"을 오라줄 저스틴도 멋졌어요. 브라이언은 따돌린 친구들이 좋진 않았지만, 나도 그럴 수 있으니까 대놓고 미워하진 못 할 것 같아요.

동생들아! "난 무엇이든 할 수 있어!"를 읽어봐. 가 도전하는 것이 재... 너희 들도 프랑카처럼 용... 내봐.

동생들아, 보이지 않는 아이를 추천해. 만약에 너희 반에 왕따당하는 아이가 있으면 다가가서 같이 놀아봐. 그러면 그 친구도 행복해 할거야. 이 책의 주인공 브라이언은 왕따를 당했지만 한 친구가 다가와 놀았더니 더 이상 보이지 않는 아이가 아니었어. 너희도 한번 용기를 내봐. 그럼 안녕~

동생들아 이 책은
돼지책

왜냐하면 이 책은 여자만 일하고 빨래하는 것이 아니다 라는 뜻이 나오고 피곳부인이 있을때는 괜찮은데 피곳부인이 없을 때는 웃겨서

3학년 인성 수업 활동 후 소감

3학년을 위한 인성 수업

자존감 수업 활동지

'마음별 두드림'의 뜻

내 마음 속에는 원래 신이 주신 선한 별이 있습니다.
그 별은 그냥 놔두면 흐릿해지거나
죽어서 사라질 수도 있고,
블랙홀이 되어 다른 별까지 죽게 할 수도 있지요.

따라서 내 마음의 별을 항상 살펴보면서
나의 별이 반짝반짝 빛나도록 닦아야 합니다.

인성 시간을 통하여 마음별이 반짝이는 사람들을 만나고,
그 사람들의 자취를 따라가는 깨어 있는 별이 되도록
함께 노력해 봅시다.

나의 반짝이는 마음 별로
나도 주위도 행복하게 만들어 봐요~

보경쌤 말씀

나의 감사 노트

※ 일주일간 생활하면서 고맙고 감사한 일을 기록해 주세요.

	내가 감사한 것은…… 예) 부모님이 아침 식사를 차려 주셔서 감사합니다.
1	
2	
3	
4	
5	
6	
7	
8	
9	
10	

나를 소개해요

	주제
1	저의 꿈은 ( )입니다.
2	저는 ( )월생이고, ( ) 계절을 좋아합니다.
3	저는 ( )색을 좋아합니다.
4	저는 ( )을/를 존경합니다.
5	저는 (동물:)이 되어 보고 싶습니다.
6	저는 ( )이 소원입니다.
7	저는 ( ) 친구를 좋아합니다.
8	저는 ( )을/를 여행하고 싶습니다.
9	저는 ( ) 캐릭터를 좋아합니다.
10	저는 ( ) 사람이 되고 싶습니다.

보경쌤 말씀	

3학년 마음별 두드림 시간에 배우는 것

차시	영역	활동명	비고
1	진로 (자기 이해)	서로 친해져요	자기 소개하기 친구와의 인터뷰
2	자율, 학폭 예방	서로의 마음에 공감해요	《고양이 피터》 친구들과 협동하여 이야기 재구성하기
3	진로 (자기 이해)	마음을 단단하게 키워요	《난 뭐든지 할 수 있어》 나의 강점 찾기
4	자율, 학폭 예방	친구에게 관심을 가져요	《보이지 않는 아이》 소외된 친구들에게 관심 갖기
5	자율, 학폭 예방	위로하는 말을 배워요	《너 왜 울어》 친구의 마음을 이해하고, 위로하기
6	자율, 학폭 예방	감정을 다스려요	《부루퉁한 스핑키》 토라짐의 감정을 안전하게 푸는 방법
7	자율	가족의 마음에 귀 기울여요	《멀쩡한 이유정》의 〈할아버지 숙제〉편 가족에 대한 이해
8	자율	작은 힘이 모이면……	《돼지책》 가족을 서로 이해하고, 돕기
9	자율, 학폭 예방	친구와 서로 도와요	《으뜸 헤엄이》 협동의 의미를 이해하고, 방법 알아보기

1차시	학습주제	서로 친해져요
	학습문제	자기소개 활동을 통해 서로를 이해해 보자.

활동1. 우리 서로 소개해요

(   )초등학교 (   )학년 (   )반 이름:

난, 이런 사람입니다~!

나의 이름은

나의 흥미(좋아하는 거),
특기(잘하는 거)
내가 좋아하는 것은
내가 잘하는 것은

내가 고치고 싶은 점

나에게 필요한 마음은
예) 배려심

이번 학년 나의 목표는?

활동2. 친구와의 인터뷰 게임

옆에 앉은 친구에게 할 질문 3가지 만들기
질문1.
답변:
질문2.
답변:
질문3.
답변:

인터뷰하면서 친구에 대해 알게 된 점	스스로 평가해 봐요
	게임에 즐겁게 참여하며 나를 적극적으로 소개하였나요? (스스로 평가하여 ○표 하세요) 매우 그렇다 　　　　(　) 그렇다 　　　　　　(　) 보통이다 　　　　　(　) 아니다 　　　　　　(　) 모르겠다 　　　　　(　)

메모 1	메모 2

2차시	학습주제	서로의 마음에 공감해요
	학습문제	친구들과 협동하여 이야기 재구성하기

 이 그림책의 제목을 지어 봅시다.
(힌트: 고양이 피터가 좋아하는 것을 찾아보세요)

활동 1. 고양이 피터와 인터뷰하기

1. 고양이 피터에게 할 질문 3가지를 만들어 봅시다. 2. 고양이 피터 역할을 맡은 친구에게 질문을 합니다.
질문 1.
질문 2.
질문 3.

활동2. 고양이 피터 노래를 우리가 바꿔 봐요

※ 모둠별로 (   )안을 채워 가사를 완성하고 리듬과 가락을 붙여 함께 발표합니다!

난 좋아
내 (   ) 운동화
정말 좋아
내 (   ) 운동화
난 좋아
내 (   ) 운동화
왜냐하면, (   ) 하니까!

고양이 피터에게 쪽지 글쓰기	스스로 평가해 봐요
	활동에 적극적으로 참여하며 열심히 하였나요? (스스로 평가하여 ○표 하세요) 매우 그렇다　　　　　(　) 그렇다　　　　　　　(　) 보통이다　　　　　　(　) 아니다　　　　　　　(　) 모르겠다　　　　　　(　)

메모 1	메모 2

	학습주제	마음을 단단하게 키워요
3차시	학습문제	나의 강점을 찾고 나를 소중히 여기는 마음을 가져 보자

활동 1. 돌발 퀴즈

질문 1. 등장인물 이름 맞히기
질문 2.프랭키가 찾은 것(자랑한 것)은?

활동 2. 인터뷰 질문 만들기

프랭키에게 하고 싶은 질문을 써 봅시다.	
	질문 1.
	질문 2.
	질문 3.

활동3. 난 뭐든지 할 수 있어

프랭키처럼 솔직하게 '내가 잘하고 싶은 것' 10가지 쓰기
1.
2.
3.
4.
5.
6.
7.
8.
9.
10.

내가 잘하고 싶은 것을 정말 잘하기 위해 필요한 것은 무엇일까요?	스스로 평가해 봐요
	활동에 적극적으로 참여하며 열심히 하였나요? (스스로 평가하여 ○표 하세요) 매우 그렇다 ( ) 그렇다 ( ) 보통이다 ( ) 아니다 ( ) 모르겠다 ( )

4차시	학습주제	친구에게 관심을 가져요
	학습문제	소외된 친구들에 관심 갖기

 '무궁화꽃이 피었습니다' 게임을 하며 느낀 점은?

활동1. 이야기 발견하기

이야기 듣거나 보면서 발견한 점을 써 봅시다.

활동 2. 우리 반에 '보이지 않는 아이가 있다면'

※ 우리 반에 '보이지 않는 아이'가 있다면 도울 수 있는 구체적인 방법을
생각해 봅시다.

1. 나의 의견:
2. (   )의 의견:
3. (   )의 의견:
4. (   )의 의견:

활동 후 소감	스스로 평가해 봐요
	친구들과 사이좋게 의견을 나누며 열심히 참여했나요? (스스로 평가하여 ○표 하세요) 매우 그렇다　　　　(　　) 그렇다　　　　　　(　　) 보통이다　　　　　(　　) 아니다　　　　　　(　　) 모르겠다　　　　　(　　)

메모 1	메모 2

5차시	학습주제	위로하는 말을 배워요
	학습문제	친구의 마음을 이해하고, 위로하기

 《너 왜 울어?》 작품을 만나며 드는 생각은?

활동1. 내가 울고 싶은 때

내가 울고 싶을 만큼 속상했던 때는? 간단하게 써 봅시다.
속상했던 일:
왜 속상했나?
그때의 느낌은?

활동2.

친구의 사연을 보고 위로의 말을 써 주세요. 우리는 서로의 친구랍니다.
위로의 말을 정성껏 써 주고, 비밀은 지켜 주는 멋진 친구가 됩시다.

1. (위로 친구:)

2. (위로 친구:)

3. (위로 친구:)

활동 후 소감	스스로 평가해 봐요
	오늘 활동에 솔직하게 친구를 존중하며 참여했나요? (스스로 평가하여 ○표 하세요) 매우 그렇다 　　　　　　(　) 그렇다 　　　　　　　　(　) 보통이다 　　　　　　　(　) 아니다 　　　　　　　　(　) 모르겠다 　　　　　　　(　)

메모 1	메모 2

6차시	학습주제	감정을 다스려요
	학습문제	토라짐의 감정을 이해하고 안전하게 푸는 방법 알기

《부루퉁한 스핑키》에서 스핑키의 마음은 어떤 상태인 가요?

활동1. 스핑키의 감정 이해하기

스핑키는 왜 토라졌나요?

나도 스핑키처럼 기분이 토라져서 풀리지 않을 때가 있었나요?

232

활동2. 안전하게 기분을 푸는 방법

안전하게 기분을 풀 수 있는 방법에 대해서 알아 봅시다.
1. 나의 방법:
2. (   ) 방법:
3. (   ) 방법:
4. (   ) 방법:
5. 위 의견 중 가장 좋은 방법은 무엇인가요? 왜 그렇게 생각했나요?

활동 후 소감	스스로 평가해 봐요
	열심히 생각하며 토론에 적극적으로 참여했나요? (스스로 평가하여 ○표 하세요) 매우 그렇다　　　　　(　　) 그렇다　　　　　　　(　　) 보통이다　　　　　　(　　) 아니다　　　　　　　(　　) 모르겠다　　　　　　(　　)

메모 1	메모 2

7차시	학습주제	가족의 마음에 귀 기울여요
	학습문제	가족을 서로 이해하고, 도울 방법을 알아보자.

 미리 읽어 보았어요.
《돼지책》표지를 보고 드는 생각은?

활동 1. 엄마와 인터뷰하기

엄마에게 하고 싶은 질문을 써 봅시다.
질문1.
질문2.
※ 각 모둠에서 엄마 역할을 한명 정하고 인터뷰해 봅시다.

활동2. 부모님의 일상
(부모님 중 한 분을 정해서 그 분의 하루 써 보기)

누구	하는 일	내가 도와줄 수 있는 일
	1.	
	2.	
	3.	
	4.	
	5.	
	6.	
	7.	

활동하면서 느낀 점	스스로 평가해 봐요
	열심히 생각하며 토론에 적극적으로 참여했나요? (스스로 평가하여 ○표 하세요) 매우 그렇다 ( ) 그렇다 ( ) 보통이다 ( ) 아니다 ( ) 모르겠다 ( )

메모 1	메모 2

8차시	학습주제	작은 힘이 모이면……
	학습문제	협동의 의미를 이해하고 방법 알아보기

미리 생각해 봅시다.
'으뜸 헤엄이'는 무엇이 으뜸일까요?

활동1. 질문 놀이

책을 들으며 질문을 만들어 봅시다.
질문1.
질문2.
• 만든 질문을 짝에게 묻고, 나의 답과 짝의 답이 어떻게 다른지 들어 봅시다. 이번엔 바꿔서 짝꿍의 질문에 답하고 짝의 답과 나의 답이 어떻게 다른지 들어 봅시다.

236

활동 2. 함께 방법 찾기

작은 물고기들이 생존하는 방법을 상상해서 이야기를 나누어 정리해 봅시다.
1. 나의 방법:
2. (　　　　　　　) 방법:
3. (　　　　　　　) 방법:
4. (　　　　　　　) 방법:
5. 우리 모둠에서 뽑은 방법은?

우리 학급에서 필요한 협동은?	스스로 평가해 봐요
	열심히 생각하며 토론에 적극적으로 참여했나요? (스스로 평가하여 ○표 하세요) 매우 그렇다　　　　　　(　　) 그렇다　　　　　　　　(　　) 보통이다　　　　　　　(　　) 아니다　　　　　　　　(　　) 모르겠다　　　　　　　(　　)

메모 1	메모 2

	학습주제	친구와 서로 도와요
9차시	학습문제	다양한 협동 게임을 하며 협동의 필요성 이해하기

활동1. 우리 반 협동별

내가 생각하는 우리 반 협동별은?

어떤 행동 때문에 뽑았나요?

활동2. 협동 게임하기

협동 게임1 : 몸으로 전달해요

협동 게임2 : 날아가는 양탄자

협동 게임3 : 다른 몸, 같은 포즈

활동3. 생각해 보기

협동 게임을 할 때 필요한 마음은 무엇일까요?

활동 후 소감	스스로 평가해 봐요
	열심히 생각하며 토론에 적극적으로 참여했나요? (스스로 평가하여 ○표 하세요) 매우 그렇다　　　　　(　　) 그렇다　　　　　　　(　　) 보통이다　　　　　　(　　) 아니다　　　　　　　(　　) 모르겠다　　　　　　(　　)

마음별 두드림 전체 소감

이 책을 선택해 주신 선생님께 감사의 말씀 드립니다.
아래의 인터넷 주소에 인성 수업을 위한 수업 녹화자료를 공유합니다.
코로나-19로 대면 수업이 어려운 상황에 도움이 되길 바랍니다.
http://cafe.daum.net/elmoco